나는 사랑하기 위해 살고

사랑받기 위해 살아간다

김대정

도서출판 디자인21

나는 사랑하기 위해 살고
사랑받기 위해 살아간다

김대정

펴내는 글

나는 어렸을 때 재혼가정에서 자라났다.
그때는 몰랐다. 왜 내가 맞아야 했는지….
하루하루 살아가기가 힘든 시절이었기에 그냥 바른 아이로 자라기 위해 노력했던 것 같다.

청소년 시절 사춘기 때도 누구보다 반항심이 컸다.
내 존재를 알기 위해 몸부림치고 외로움 속에 절규하고 분노하고 고요 속에 소리쳤다.
왜 살아가야 하는지?
해답을 알기 위해 끊임없이 물었다.

20대 초반에도 우울증에 술을 마셔야만 살아가는 엄마를 지켜보며 하루하루를 보냈다.
그리고, 고개를 들고 세상을 나가기 위한 준비를 해야 했다.
잊고 싶은 기억 속에 길가에 술에 취해 쓰러진 엄마를 안고 집에 들어온 기억이 있다.
내 보금자리는 더욱 힘들어졌고 난 내가 살아가야 할 길을 찾아야 했다.
20대 후반이 돼서 난 사랑하는 여인을 만나 내가 꿈꾸고 살아가야 할 세상을 향해 달려가기 시작했다.
아무것도 없었지만 서로 이해하고 걸어가기 위해 누구보다 더 노력하고 인내하고 참고 달려온 시간이 있었다.

그때마다 내게 주어지는 기적 같은 일이 일어났고 내가 생각지 못한, 내가 해낼 수 없는 일들이 일어나는 것에 대해 난 감사하고 겸손해져야 했다.

이해할 수 없는 일들은 힘들 때마다 내게 힘을 주었고 버틸 수 있는 빛이 되었다.
어느 날부터 나는 다른 많은 도움이 필요한 이들을 위해 일하고 글을 쓰고 세상을 살아가고 싶어 하는 나 자신을 보게 되었고 더불어 이 글을 쓰게 되었다.

세상이 너무 힘들어 삶의 의미를 잃어가고 있는 이에게,
세상에서 가장 힘들고 외로운 삶을 살아가는 이들에게,
나는 왜 이 세상을 살아가야 하는가? 라는 질문을 갖고 살아가는 이들을 위해 나는 함께 걸어가며 위안이 되고 싶은 생각을 하며 오늘도 준비한다.
내가 그럴 수 있는지, 내가 그런 준비가 되었는지 생각해 본다.
어떻게 하면 그 안에서 행복해 질 수 있을까? 고민해 본다.
끝으로 내가 없는 세상에도 혼자 힘든 세상을 걸어가야 하는 딸 지윤이를 위해 책을 쓴다.

차례

나는 사랑하기 위해 살고
사랑받기 위해 살아간다

사람들은 꿈을 향해 가야 한다고 한다.
자신이 좋아하는 것을 찾아가야 한다고 한다.
왜 그래야만 하는 걸까? 정말 힘든 이 현실 속에….

어떻게 해야 하는지에 대해서는 답이 없다.
그래서 우리는 항상 질문을 하며 살아간다.
나는 어디로 가고 있는가? 잘 가고 있는 것일까? 항상 두렵고 궁금하다.
그리고, 우리는 항상 이야기한다.
행복한 삶에 대해서, 성공한 삶에 대해서, 가치 있는 삶에 대해서….

또한, 주위에서 일어나는 한 인간의 탄생과 마지막 죽음을 보고 들으며 우리는 더욱더 자기 삶의 가치에 대해 고민하고 끊임없이 되돌아본다.
그리고, 때론 다른 사람들과의 삶과 비교도 하며 자신을 반성하기도 하고 후회하기도 한다.
그렇게 서로를 다독이며 살아가고 있다.
몇 년 전 주위의 지인이 돌아가셔서 삼일장을 지낸 후 발인을 위해 화장터를 갔던 적이 있다.
한여름 푹푹 찌는듯한 무더위에 많은 사람을 태운 전세 된 관광버스는 어느 지정된 화장터에 멈추어 섰고 버스에서 내린 나는 순간 놀라지 않을 수 없었다.

정말 많은 인파와 우리와 같이 순서를 기다리는 버스들….
한여름의 뜨거운 온도는 나를 더욱 숨 막히게 했다.
건물 위의 전광판에는 은행의 번호표 순서와 같이 화장을 기다리는 사람들을 위한 번호가 계속해서 바뀌고 자신의 순서를 기다리는 사람들…. 미래도시에 온 것도 아니고 아니 이게 도대체….
순간 말을 잃었고 아무렇지 않은 듯한 인파 속에서 2시간 이상을 기다려서야 지인의 순서가 돼서 화장을 할 수 있었다.

그날 나는 큰 충격과 함께 내 인생을 다시 생각하는 계기가 되었던 시간이었다.
살아오는 내내 너무나 힘들었는데 왜 이렇게 살아가야 하는가?
나만 왜 이렇게 힘든 거지?
이 힘든 삶은 어떻게 해야 끝나는 거지?
살아가는 내내 고민하고 경쟁 속에서 자신의 순서를 기다리며 살아가는 우리들….
힘든 인생 속에 행복을 위해 달려가다 마지막 시신을 화장하는 장지에 도착해서도 자기 번호를 기다려야 하는 인생.

정말 인생은 무엇인가?
무엇을 위해 우린 이렇게 열심히 가고 있는 것인가? 허무해지기도 했지만 정말 매 순간 나에게 주어진 삶이 다 할 때까지 가치 있게 살고 싶다는 생각이 들었다.

행복하게 살아야겠다는 생각이 들었다.

오기가 생겼다. 그래야, 내가 태어난 기쁨과 키우면서 고생하신 부모님에 대한 도리이기도 하지만 마지막 순간에 정말 인생 힘들기만 하고 허무하다고 생각하고 싶지 않았다.
한 번만인 인생 어떻게든 행복한 느낌으로 살아보고 싶었다.

나는 이 책에서 매 순간 자기 삶에서 나는 왜 이렇게 힘들게 살아가야 하는가? 란 질문을 갖고 힘든 고비고비를 넘어가며 그때마다 선물처럼 받았던 기억들, 소중한 생각들을 적어보고 싶었다.
그리고, 우리가 모두 말하는 꿈과 성공에 대해 정말 관심이 있다면 정말 진지하게 생각해 보는 시간이 중요하다고 생각한다.

내가 무엇을 중요하게 생각하는지. 무엇을 사랑하고, 무엇을 좋아하고, 무엇이 가능한지….

혹시 내 과거의 한 부분이, 또는 내 안의 성장 과정 중 상처받은 아이가 고개 숙인 체 항상 내가 도전하고 노력할 때 부정적인 생각으로 내 어깨를 누르고 내 발목을 잡고 있진 않은지….

그 내 안의 상처받은 아이를 잘 다독거리고 이해하지 못한다면 정말 나에 대해 잘 모른다면 아무리 좋은 말과 글들 성공사례도 나를 도와주지 못할 거로 생각한다.
정말 진지하게 고민하고 싶다.
정말 진지하게 나를 이해하고 생각해 보고 싶다.

칭찬은 코끼리가 스스로 냉장고로 들어가게 한다

언제부터인가 내게 시간이 주어지면 초 · 중 · 고등학교 때론 일반 강의를 단기간, 내지 1년씩 해오고 있었다.
그 시간은 내가 받는 사랑이나 능력이 노력한 것에 비해 훨씬 많이 주어졌다고 생각하고 다시 잘 쓰였으면 좋겠다는 생각에서 시작하게 되었고 지금은 그 생각이 늘 삶을 누르고 지탱하기도 한다.

그 강의실에선 물론, 연령대별 생각과 반응이 다르지만 분명한 건 행복에 관한 이야기를 할 때다.
다른 어떤 좋은 교재나 좋은 재료를 썼을 때보다 그들은 칭찬하고 자신감을 불어 넣어주었을 때 그들의 눈빛이 반짝반짝 빛나는 것과 같았고 조금이라도 더 자신이 칭찬받고 잘 할 수 있는 것을 찾으려는 듯 수업에 열심히 임하려 한다는 것이었다.

그리고, 항상 뻔한 이야기지만 빼놓지 않고 하는 이야기가 있었다.
'여러분은 살찐 코끼리가 냉장고에 들어가는 법을 알고 계십니까?'
그건 조용히 귓속말로 코끼리에게 말하는 겁니다.

너 정말 몸매가 날씬하구나, 잘하면 저 작은 냉장고에도 들어갈 수 있겠는 걸, 그럼 코끼리는 그 칭찬에 정말 무슨 수를 써서라도 냉장고에 들어가려 할 거라고' 이 이야기는 의외로 많은 분이 좋아한다.
그다음은 말할 것도 없이 나에게 한마디라도 칭찬받기 위해 열심히 수업에 임하시는 것이다.

정말, 나이를 불문하고 여러 가지 성격을 불문하고, 남성 여성을 불문하고 그러했다.
우리는 칭찬받고 싶어 한다. 우리는 사랑받고 싶어 한다.
우리는 사랑하며 칭찬받고 싶어 한다.
우리는 사랑하기 위해 살고 사랑받기 위해 살아가는 것이다.

왜냐하면,

'그 순간 행복한 느낌이 들기 때문이다.'

내가 좋아하는 것을 할 때 그리고, 다른 사람한테 인정받을 때 우리는 행복을 느끼기 때문이다.

기적 같은 이야기

이미 지역방송에서 소개된 바 있지만 와이프와 30대 초반 일본 유학하던 때이다.

우린 자신이 원하고 미래가 있다고 생각하는 일을 향해 전력을 다해 쫓아가고 있었다.

부유한 집의 자식들이(?) 아닌 덕분에 공부나, 작업시간, 쪽잠을 자는 시간 외에 아르바이트로 생활을 유지해야 했다.

정말 굶기를 밥 먹듯 했다.

몹시 추운 겨울밤, 그날도 한국으로 말하면 고기 구워 먹는 집.

'야끼니꾸'라 불리는 일본식당에서 새벽 2시까지 아르바이트를 하고 까만 밤 하얀 눈이 펄펄 내리는 시골길을 마티즈 같은 소형차로 와이프와 귀가하던 길이었다.

어두운 밤길 눈도 내리고 피곤하고 졸리지만, 앞만 보고 습관처럼 돌아오던 길에 잠깐 무언가 눈과 함께 종이 같은 것이 자동차 앞 유리를 스쳐 지나간 것 같은 느낌이 들었다.
그건 정말 까만 밤에 하얀 눈송이만 흩날리고 있었기에 분명히 볼 수 있었다.

하얀 종이 같은 것이 자동차 앞 유리에 부딪히는 느낌을….
그게 여러 번 반복되었고 우린 서로 얼굴을 잠깐 마주 보고 자연스럽게 길 한쪽으로 차를 세웠다.
그 시간 시골길은 당연히 아무도 없었고 우린 궁금증에 차에서 내려 서로 '뭐지?' 그리곤, 지나온 길을 되돌아 눈 속을 헤쳐 걸어가기 시작했다.
그리곤, 믿을 수 없는 일에 입을 다물고 조용히 줍기 시작했다.
그건, 하얀 눈 속에 지폐가 수십 장 나뒹굴고 있었기 때문이다.
내 생전 처음 겪는 일이었다.

금액으로 천 원짜리나 만 원짜리가 수십 장….
아주 짧은 시간이지만 얼른 주워 다시 차에 오른 후 우린 아무 말 없이 집으로 돌아왔고 서로 아무 말 없이 잠을 청했다.
아마 무척 두려웠기 때문이라 생각한다.

다음날 내가 먼저 '무슨 일이 있었을 수도 있으니 며칠 좀 지켜보는 게 좋을 것 같아'라고 말했고, 와이프도 동의했다.
그 후로 며칠을 기다리며 뉴스를 주의 깊게 들었지만 아무 일도 없었고, 평상시와 다름없이 너무나 조용하고 평범했다.
그 후로 그 돈은 자연스럽게 다친 와이프의 손가락 수술비, 생활비, 일부는 내가 아내 몰래 성당 수녀님께 봉헌하게 되었다.

아직도. 나는 그 일을 이해할 수 없었고, 이해하려 하지도 않았다.
마치, 꼭 필요해서 준비된 돈처럼, 아마 그랬으리라 생각하며 산다.
다만, 기회가 된다면 다시 누군가에게 갚아야겠다고 생각하고 산다.

사실, 우리 모두 삶 속에 자신이 생각지 못한, 이해할 수 없는, 그런 일들을 겪곤 한다.
정말 필요할 때 누군가에게 도움을 받을 수 있고, 때론 이해할 수는 없지만, 누군가를 위해 열심히 사는 이들도 있다.
그래서, 세상은 복잡하고 힘들지만 살아가는 게 아닐까? 라고 생각한다.
그래서, 우리는 불가능할 것 같은 꿈을 꾸고 그 꿈이 가까워지고 실현될 때 기뻐하고 행복해하고 지인들과 행복을 나누는 것이 아닐까 한다.

사실 그때 이후로도 나에게는 그와 같은 기적이 종종 일어났고 내가 사랑받고 있음을, 내가 무엇을 해야 하는지를 좀 더 깊이 생각하게 되었고, 좀 더 절실히 종교를 받아들이게 되었다.

잘 생각해 보자.
살아오면서 이해하지 못 할 일들이 생겨난 적은 없는지….

나와 같은 사람도 세상을 바꿀 수 있는가?

우리는 세상을 바꾼 사람들의 이야기를 TV나 인터넷에서 쉽게 접하고 있다.
미국 대통령 링컨, 스마트폰의 전설 잡스, 인도의 간디, 성녀 마더 테레사, 독립운동가 안중근 의사, 매년 인류 문명의 발달에 공헌하는 물리학·화학·생리의학·경제학·문학·평화의 6개 부문에서 주어지는 노벨 평화수상자들….

하지만, 제일 중요한 것은 그들도 세상을 바꾸기 이전에 자신을 바꾸고 변화시키기 위해 도전했다는 것이다.
어쩌면, 세상을 바꾸는 일보다 자신을 바꾸는 일이 더 어려운 일일지도 모르겠다.
내가 나를 이끌지 못한다면 어떻게 행복을 꿈꾸고 긍정적인 미래를 기다릴 수 있겠는가?

사춘기, 이리저리 부딪히며 하나씩 알아가던 20대, 어른이 되어가기 위해 열심히 달리기만 했던 30대, 세상을 조금 알 것 같은데 무거운 삶의 무게에 버텨야 했던 40대, 조금씩 둥글둥글 세상과 같이 굴러가기를 바라며 노후를 생각하는 50대, 그리고 노년기 등 어느 하나 만만치 않다.
하지만 우린 그 시간 모두를 온몸을 다해 부딪히며 살아간다.
나 자신을 알기 위해,
나를 내가 바라는 모습으로 바꾸기 위해
결국 우리는 세상을 바꾸는 한 사람으로 살아가고 있지 않나 생각한다.

앞집 할머니

일본 유학 시절 첫해 일본말을 배우기 위해 일본어학원에 다닐 때 이야기이다.

와이프랑 나는 물가가 비교적 저렴한 도쿄 옆 치바란 곳의 허름한 다세대 주택에서 생활을 시작했었다.

몇 개월이 지나 한두 마디쯤 알아듣고 단어를 말할 수 있게 돼서 집 앞 20m쯤 떨어진 슈퍼야채 코너에서 새벽부터 아르바이트를 하게 됐다.

나로서는 대단한 용기를 낸 시도였고 일본에 올 때 학비를 제외하고 3개월 체류비용뿐이 없었기 때문에 경제적인 부분을 어떻게 하든 해결해야 했기에 절실한 기회이기도 했다.

몇 개월이 지나자 차츰 집 주위의 사람과 집들이 눈에 들어오게 되었고 우리 집 2층에서 내려다보면 예쁜 정원을 가진 일본식 집이 눈에 들어오게 되었다.

누가 관리하시는지 너무 잘 정돈되어 있었고 아름다운 꽃과 나무가 있는 정원에 관심을 두게 되었다.

항상 지나가면서 기회가 되면 저 집에 들어가서 차를 한잔 마실 수 있는 날이 오면 좋겠다고 생각하곤 했다.
어느 날, 지나가며 그 집에는 할머니 한 분만 있는 것을 알게 되었고 늘 정원을 가꾸시는 모습을 보곤 했는데 가끔 눈이 마주치면 '안녕하세요' 하고 인사를 드리곤 했다.
그러던 어느 주말 지나가다 할머니가 나와 계셔서 인사를 드리자 할머니가 집에 들어와서 차나 한잔하라고 초대하시는 거였다.
갑작스레 초대받게 되었고 말이 어눌해 둘이 있으면 듣고 말하기가 좀 더 수월할까 해서 와이프와 같이 집안에 들어가게 되었다.

기본적인 인사를 드리고 나니 차를 내시던 할머니가 그러시는 거였다.
키우던 개가 죽어서 대신 쓸쓸해 로봇 개를 한 마리 샀다고 보여주시며 나이가 들어 찾아오는 사람도 없고 외로웠는데 자신에게 말을 걸어주어 고맙다고 하시는 거였다.
20대 후반의 우리로서는 일본문화도 잘 몰랐고 그저 할머님의 말씀을 알아듣기에 정신이 없었던 기억이 있다.

그 뒤로 정말 눈코 뜰 새 없는 시간 속에 가끔 얼굴을 뵙게 되면 인사와 더불어 한두 마디씩 안부를 여쭈게 되었고 1년이 지난 시점 우린 치바를 떠나 원하는 곳에 입학하기 위해 다른 지역으로 이사를 하게 되었다.

그런데, 이사를 하기 전날 할머님이 찾아오셔서 봉투 하나를 주시는 것이었다.
내일 이사를 하기 위해 잘 계시라고 인사를 하고 집에서 봉투를 뜯어

보니 봉투에는 10만 원 정도의 돈과 함께 편지가 한 장 들어 있었다. 항상 외롭게 혼자 있는 당신에게 말을 건네주어서 고마웠다고 하시며 어디 가서든 건강히 잘 지내라는 말씀이었다.

멀리 외국에서 뜻밖의 돈과 편지는 나를 충분히 당황하게 하였고 살아가면서 잊을 수 없는 기억이 되었다.
나는 무언가 해 드린 게 없는 것 같은데.

지금은 아마 돌아가셨을 것 같지만 그 뒤로 일본 유학하는 동안 나는 좀 더 힘든 인생을 받아들이는 힘을 얻게 되었고 언어에 대한 두려움으로 인해 사람들과의 대화에 대한 두려움도 있었는데 좀 편안해지면서 좀 더 사람들이 가진 따뜻한 면을 볼 수 있게 되었다.
나는 믿는다.
세상은 아직 따뜻한 사람이 많은 희망이 있는 곳이라고.

죽음에 대해 진지하게 생각해 보신 적이 있나요?

셸리 케이건 교수의 죽음에 대한 말씀을 적어보고자 한다.
누구나 피해 갈 수 없는 반드시 인간은 죽는다는 것에 관한 이야기이다.
교수님은 죽음을 진지하게 생각할 때 삶을 소중히 여길 수 있다고 말한다.
미국 예일대의 17년간 최고의 강의로 뽑힌 죽음에 대한 말씀의 내용이다.

사람들은 죽음을 두려워하고, 피하려고 한다.
하지만, 누구나 피할 수 없으므로 죽음은 두렵고 생각하고 싶지 않은 단어다.
그래서, 더욱 죽음에 대해 중요하다는 인식을 할 필요가 있다.

그래야만, '어떻게 살 것인지', '무엇이 가치 있는 삶'인지를 생각할 수 있다는 것이다.
그러면, 어떤 것이 가치 있는 삶인지? 주어진 시간에 어떻게 하면 행복하고 보람된 삶을 살 수 있는 것인지? 에 대해 생각해 볼 필요가 있다.
즉, 내가 만약 시한부 인생이라고 생각해 본다면, 진지하게 남은 내 삶의 시간을 생각해 볼 수 있다는 것이다.

사실, 우리는 많은 시간 일을 해서 돈을 벌고 좀 더 좋은 환경, 좋은 집, 맛있는 음식을 얻고자 인생의 대부분 시간을 보내고 있다.
그러는 것이 불행한 것보다 행복해지는 것으로 생각하고 있기 때문이다.
누구나 삶의 질적인 행복이나 꿈을 생각하기도 하지만 결국 현실 속에 달려가다 어느 순간 자신의 위치와 나이를 보고 자각하기도 한다.

마치 무언가에 쫓기듯 정신없이 달려온 나를 보며 안타까운 생각이 들 때가 있다.
그래서인지 무언가를 탓하기도 하고 때론 후회하기도 한다.

하지만, 내가 실제 3년밖에 살 수 없다면, 또는 내게 주어진 시간이 10년 정도 남았다고 생각해 본다면 이제까지 중요하게 생각했던 그런 것들보다 더 소중한 것들의 우선순위를 정하게 될 것이다.
정말 해보고 싶었던 것은 무엇인지, 남은 시간 꼭 해야 하는 것이 무엇인지…. 등등 말이다.

종교적으로 신부님이나 목사님의 강론에서 자주 죽음에 대해 말씀하시는 걸 들을 수 있다.
더 가치 있고 행복한 삶을 위해 우리도 죽음에 대해 생각하고 죽음을 준비해야 한다고 한다.
불교에서도 죽음에 대한 말씀과 함께 삶에 대한 생명에 대해 소중함을 강조하기도 한다.
윤회설과 같은 내용이라고 생각한다.

우리는 자신이 행복해지려면 어떻게 해야 하는지.

칭찬하고 칭찬받기 위해서는 어떻게 해야 하는지.
늘 생각하며 살아가야 하는 것이다.

문제라고 생각했던 자잘한 일들이 아무렇지 않게 느껴지고 정말 소중한 새로운 생각과 삶을 느끼고 이야기하게 되리라 본다.

어두운 긴 터널에서 아무것도 보이지 않아 한걸음, 한걸음 조심조심 걷다가 조금씩 밝은 빛이 보이는 듯한 느낌! 이 아닐까? 한다.
당연히 그 밝은 불빛에 이끌려 따라가고 싶어질 것이다.
꼭 그러한 생각을 하고 그러한 시간을 갖게 되기를 바란다.
한 번밖에 없는 자기 삶이니까….

인도 켈거타의 '죽음의 집'에서

20대 후반쯤 나와 와이프는 자신에 대해 많은 질문과 생각을 할 때였다.
공동체에 관심이 있었던 나는 어느 날 지인이 사는 인도의 공동체 '오르빌'이라는 곳에 가게 되었고 그 후 인도에서 1개월 정도 체류 후 다시 배낭을 둘러메고 기차역에 몸을 실었었다.

그때의 여행이란 모든 정보와 지도와 통역과 친절하기까지 한 스마트폰이 없던 그냥 필요한 모든 물건은 커다란 배낭에 집어넣고 짊어지고 다녀야 했고 오직 정보란 내가 갖고 다니던 책 한 권과 길거리에서 만나는 여행객과 내 직감(?)이 다였다.

낭패를 볼 때도 많았고 그래도 오직 자신만을 믿고 용감하게 다니던 시절이었다.
그래서, 아마도 가이드 없는 자유 해외여행객이 많지 않았던 것 같기도 하다.

기차에 몸을 싣고 여기저기 말도 안 되는, 이해할 수 없는 문화를 매일 겪으며 점점 질문과 피곤이 쌓여 갈 때쯤 나는 켈커타의 마더 테레사에 대한 이야기가 적힌 글을 읽게 되었다.

그리고, 켈커타에 가서 자원봉사를 하기 위해 그렇게 이끌려 들어갔던 것 같다.

나중에 안 것이지만 나름 예약하고, 절차가 있었지만 우린 그냥 아침에 책에 적혀있던 장소 근처까지 버스를 타고 가다가 여행객에 묻혀 가듯 흘러 들어갔다.

버스에서 내려 '죽음의 집'으로 들어가는 길은 쓰레기더미가 쌓여 있었고 정말 지저분했다.
그리고, 내가 도착한 곳이 일명' 죽음의 집'이라고 불리는 마더 테레사의 여러 봉사지역 중의 한 곳이란걸 알게 되었다.
마더는 어릴 때부터 존경의 대상이었고 인도에 왔으니 그녀의 흔적을 찾아보고 그녀의 생각을 체험해 보고 싶었다.
매일 다른 여행객들이 하루나 며칠씩 봉사하다가 떠나가는 곳이었고 말이나 지식을 필요하지 않아 보였다.
'죽음의 집'에는 길거리에서 구걸하거나 길거리의 삶에서 병에 걸려 숨을 다하기 전 발견되어 이곳에 모셔진다.

치료라고 할 것도 없었다.
그냥 봉사자들에 의해 깨끗이 씻기어지고 곪거나 썩은 부위도 소독하고 기본적인 치료만 받고 깨끗한 곳에서 식사 때에 주어지는 따뜻한 음식. 그것도 대부분 스스로 식사가 어려워 봉사자들에 의해 식사 봉사가 주어진다.

이곳에서 나가시는 경우는 두 가지인 것 같았다.

그렇게 도움을 받다가 좀 나아져서 자신의 두 발로 걸어 나가시거나 운명을 다해서 화장터로 옮겨지는 경우이다.

어느 한 인도인을 돌보아주었으면 좋겠다는 부탁과 함께 나는 늘 그와 함께했다.
아침부터 점심 식사 후 마치는 시간까지.
그는 계단식의 맨바닥 위에 여러 장 겹친 모포 위에서 온종일 누워서 생활했고 말이나 식사가 힘들어 도와주어야 했다.
우리는 말이 통하지는 않았지만 서로 눈빛만으로 춥거나 덥거나 필요한 소통을 했었다.
내가 떠 주는 죽을 잘 받아먹었고 나는 그가 조금씩 나아가는 모습을 보고 싶었다.

3~4일 지났을까 우기인지 비가 억수같이 오던 날 오후 와이프가 봉사를 마치고 와서 아프다고 숙소에 누워버렸다.
몸에 열이 많았고 갖고 온 상비약을 먹인 후 쉬면 좀 나아지겠지 했는데 밤새도록 몸이 불덩이같이 뜨거웠고 말을 못 할 정도로 힘들어 했다.
병간호로 밤을 새우고 다음 날 아침 나는 와이프를 부추겨 안고 물어물어 병원을 찾아갔다.
인도의 병원시설을 믿을 수 없었지만, 딱히 다른 방법이 없었다.

간단히 진료를 마치자 의사란 놈(?)이 내게 말했다.
300루피를 내면 처방전을 써 주겠다고 했다.
한화로 하면 큰돈은 아니지만, 며칠 숙박료에 해당하는 금액이었다.

그는 말라리아 같다고 했고 나는 그 돈을 지불하고 돌아 나오며 그에게 말했다.
만약 약을 먹고도 나아지지 않으면 다시 이곳을 찾아오겠다고.
사실 이 의사란 놈이 나에게 와이프를 두고 말도 안 되는 거래를 하고 있지만 축 늘어진 와이프 몸을 보고 무엇이라도 해야 했다.

약을 받고 와이프가 내게 말했다.
'켈커타를 떠나고 싶다고.'

그다음 날 나는 마지막 '죽음의 집'에서 그에게 봉사하고 작별 인사를 했다.
이제 떠나야 하니 미안하다고, 건강하게 나아서 나가길 바란다는 말과 함께.
그리고 그에게 필요 없을지도 모르지만, 얼마 정도의 돈을 몰래 쥐여주고 그렇게 켈커타를 떠나는 기차에 몸을 실었다.

그런데, 정말 이해할 수 없는 게 기차가 지도에서 켈커타란 지역을 벗어나는 순간 와이프가 괜찮아진 것 같다고 말하는 것이었다.
정말 얼마나 감사했는지….
다시 밝아진 와이프의 얼굴을 보고야 안심하고 여행을 계속할 수 있었다.
나는 그 일을 몇십 년이 지난 지금도 생생하게 기억하고 있다.

우리에게 인도는 절대 이해할 수 없는 빈부의 격차가 아무렇지 않게 공존하고 사람의 존엄성 따위는 무시한 카스트제도와 그렇지만 신에 대한 강한 믿음이 있는 곳이었고 그러한 인도를 잘 이해할 수는 없었지만 살아가면서 겸손해지고 나를 항상 지치거나 나태해지지 않도록 하는 커다란 경험이었다.

누군가 삶에 대해 세상에 대해 자신에 대해 힘들다고 생각하시는 분들에게 권하고 싶은 말이 있다.
주위를 잘 보면,
어딘가 정말 힘들게 삶을 지탱하고 살아가는 분들과 그들을 위해 봉사하는 분들이 계시니 힘을 내셨으면 좋겠다고.

폐교에서 5년간 살아보니

일본에서 5년간 유학 생활을 마치고 한국으로 귀국할 때이다.
정말 수중에 돈이라고는 60만 원이 전부였고 일본을 떠나기 전 갖고 있던 얼마의 목돈은 전기가마 제작과 이사비용으로 날아갔다.

차마 힘들어하시는 양가 부모님께는 말할 수 없었고 경상남도 함양이라는 곳의 어느 폐교에서 일단 짐을 풀어야 했다.
말이 좋아 유학생이지 못 먹고 힘든 외국 생활로 몸과 마음이 다 지쳐있었고 60만 원으로는 시골 월세방도 얻을 수 없어 장모님이 관리하시며 생활하시던 폐교에서 잠시 몸을 풀고 있을 때이다.

유학 가기 전까지는 서울에서 살았었고 경남 함양이란 곳은 연고도 없이 처음 오게 된 곳이었다.
너무 아름답고 깨끗하고 작업을 하기에는 좋은 곳이라는 막연한 생각은 있었지만 우선 정착 생활을 하려고 생각해야 했다.

마침 폐교가 대유행이어서 엉망이 된 폐교가 아니면 들어가기 쉽지 않을 때라 있던 곳도 1개월 이내 떠나야 하는 상황이었다.

어느 분의 귀띔으로 알게 된 조그만 2등급 폐교에 가서 둘러보게 되었는데 조그만 마을 입구에 위치하고 2층 건물의 아기자기한 학교 건물이 보였고 무엇보다도 궁금했던 건 학교 건물 옆에 사택이 있었는데 실내가 7~8평 정도 되는 공간이 있었다.

안에 들어갈 수는 없었지만, 저 사택이라면 둘이서 사택 뒤에 텃밭을 일구며 지붕 있는 집에서 다시 시작할 수 있지 않을까? 하는 희망이 들었다.
그만큼 절박했었고 학교란 공간이 예전에 마을 분들이 조금씩 지분을 내놓았던 공간이고 법적으로는 교육청 권한이라 양쪽 모두 허가받아야 들어갈 수 있는 곳이었다.

결론부터 이야기하자면 폐교 생활 5년은 힘들었지만, 정신없이 달려온 시간에 비해 참 여유 있던 시간이었다.
그리고, 정말 부지런해야 했다.
낡은 건물과 시설들로 1층은 많이 부서지고 설비보수가 필요해 포기하고 2층 공간 중 2개를 깨끗이 청소해서 전시실로 쓰고 다른 공간에 작업실을 두었는데 항상 보수하고 운동장 풀 베고 청소하고 아무튼 돌아서면 일이 천지였다.

처음 마을 분들과 약속한 데로 항상 문을 열어두고 운동장을 오픈했었다.
누구든 들어올 수 있었고 손님맞이 뒷정리도 내 몫이었다.
그곳에서 우리는 아이를 낳았고 그 아이는 5살이 될 때까지 운동장을 뛰어다니며 건강하게 자라주었다.
아이가 뛰어다니며 자라나는 것을 보는 것은 힘든 우리에게 희망을 주었고 그 시간을 버티는 힘이 되어 주었다.
더불어 우리도 매우 건강해지고 조금씩 하고 싶고, 잘하는 일을 하며 살아가기 위한 준비를 시작하기에 좋은 공간이었다.

그 대신 만만치 않은 대가도 치러야 했다.
2년에 한 번씩 재계약을 해야 했는데 학교를 차지하기 위한 많은 단체, 욕심 많은 세력과 죽기 살기로 싸워야 했고 그때마다 마을 사람들과 때론 지역 사람들과 힘을 합쳐 지켜내곤 했다.

누군가 말했다.
'학교터란 곳이 기가 세서 아무나 살 수 없는데 참 기가 세신가 봐요.'
그렇구나! 밤에는 누군가 뒷덜미를 잡아당기는 것 같아 학교 안에는 절대 안 들어갔는데 하루도 바람 잘 날 없이 일이 많았는데 그게 그 말이었구나.
하지만 우린 잘 지냈고 지금도 우리 딸은 그곳에 관해 이야기하곤 한다.

그런데, 누군가 폐교에 관해 이야기를 꺼내시면 절로 고개가 절레절레 돌아간다.
거기요. 쉽지 않은 곳입니다.
누구나 들어와서 휘젓고 다녀도 다 받아들일 만큼 마음을 여신분이 아니라면 욕심을 내려놓으세요.라고
혹시 정말 월세방 얻을 돈도 없으신 분이라면 좋을지도 모르겠습니다.
왜냐면, 그게 내 것이 안되거든요.

좋은 멘토를 찾아 그의 생각과 행동을 공부해야 한다

현세에 와서는 많은 멘토가 나오고 또 그 멘토들을 찾는 젊은이들이 목말라 하는 것을 볼 수 있다.
자신이 부족한 부분이나 길을 잃었을 때, 가야 할 길이 어딘지 몰라 갈팡질팡할 때 먼저 험난한 길을 개척했던 멘토들의 이야기나, 위로, 충고, 등은 큰 힘이 될 수도 있다.

내가 가야 할 길들이 얼마나 험한 일인지, 얼마나 가치 있는 일인지, 내가 추구하고자 하는 것은 무엇인지, 분명히 해야 할 부분들이 많으며 멘토를 찾고, 문의를 하는 것 자체가 첫걸음이라 생각한다.

그러기 위해서는 내가 무엇을 갈구하는지. 수많은 멘토 중에 어떤 분을 만나서 무엇을 질문해야 하는지에 대한 준비가 필요할 것이다.
나에게 맞는 정말 좋은 멘토를 만나기를 간절히 바라며….
큰 용기가 필요할 것이다.

우리는 미래를 알 수 없기에 항상 불안해한다

우리는 매일 불안해한다.
당장 무언가를 진행해야 하는 것 같은….
가만히 있으면 뒤처지는 것 같고 불안하고 무엇이라도 해야 안심이 되는 것 같다.
현대인들이 가진 병이라고도 한다.

종교에서는 매일 불안해하고 고통스러워하는 부분을 인간에 대한 벌이라고 한다.
일어나지 않은 것들에 매여 고통스러워하지 않는 것만으로도 인간은 행복하게 살 수 있을 거라고….

하지만 때로 "괜찮아 모든 것이 내 잘못이 아니야 잘 될 거야."라는 믿음만으로도 우리는 많은 것을 바꿀 수 있다.
정말 말도 안 되게 머리 아프게 고민하다가도 저 주문을 외우는 동시에 갑자기 희망이 생기는 것이다.
말도 안 되게 단순한 마법의 주문을 믿고 다시 한번 되네여 보자.
잘 할 수 있어, 걱정 하지 마. 다 잘될 거야.

난 특별합니다

난 매일 나 자신을 그렇게 생각한다.
사실 우리는 모두 특별한 존재라고 생각한다.
자신이 잘 몰라서 그렇지, 우리는 모두 특별한 존재이다.
그래서 우리 모두 특별한 관심을 받고 싶어 하고 특별한 일을 하고 싶어 한다.
우리 모두 사랑받아야 하고 사랑을 줄 수도 있는 존재이다.

이 세상을 이끌어 나가는 것은 전체인구의 단 몇 프로의 사람이라는 말이 있다.
우리는 그 몇 프로의 특별한 사람일 수도 있다.
나는 나 자신에게 항상 말해 주고 싶다.
나는 매우 특별하다고, 그리고 특별한 대우를 받을 권리가 있다고
그러기 위해서는 특별한 사람이 되기 위한 노력을 해야 한다고….
나 자신에게 매일 주문을 걸어본다.

우리가 살아갈 수 있는 것은

우리가 살아갈 수 있는 것은 누군가 자식을 잃으면 같이 눈물을 흘리며 슬퍼하고 가슴 아파하는 이들이 있기 때문입니다.

우리가 살아갈 수 있는 것은 누군가 가족을 잃으면 내 가족을 잃은 것처럼 슬퍼하고 도와주는 손길이 있기 때문입니다.

우리가 살아갈 수 있는 것은 삶이 힘들어 쓰러질 것 같아도 나처럼 힘든 이들이 내민 손을 잡고 용기를 얻어 같이 뒹굴며 살아가기 때문입니다.

사랑하는 사람에게

사랑할 사람이 없는 사람은 모든 게 불행하다고 생각하고 모든 게 불만스럽습니다.
사랑하지 않는 사람은 자신에 대해서도 불만을 품고 자신을 스스로 불행하다고 생각할 수 있습니다.
사랑할 사람이 없는 사람은 아무런 의욕이 생기지 않고 무능력하다고 생각합니다.
사랑이 없으면 모든 것에 불만족하고 삶에 의지나 가치가 없어지니까요.

집에서 만들어 준 음식으로 식사할 때 '맛이 어때'라고 당신에게 물어본다면 행복한 표정을 지으며 음식의 맛을 표현해 주세요.
훨씬 맛있는 음식이 계속해서 당신을 행복하게 해줄 것입니다.

사랑이나 행복은 간단한 표현만으로도 빛을 발합니다.
사랑하는 사람이 자신이 좋아하고 열심히 하는 부분을 보여준다면 진심으로 칭찬해 주세요. 언젠가는 당신의 칭찬으로 인해 그 사람이 빛을 발하는 모습을 보게 될 것입니다.

나는 매일매일 꿈을 꿉니다

나는 매일매일 생각한다.
나는 매일매일 꿈을 꾼다.
내가 하고 싶은 일들이 이루어지는 행복한 생각을 점점 구체적으로 상상하고 한 발짝 한 발짝 꿈을 향해 다가간다.
아침에 눈을 뜨자마자 내가 잘하는 일들이 잘 되는 상상을 하기도 하고, 잘 되기를 바라는 일들이 실제로 점점 잘되는 상상을 해보기도 하는 것이다.
그리고, 기대감과 행복감으로 하루를 지내는 것이다.

두려움을 떨칠 수 있는 것은 그런 생각을 매일매일 생각하고 가능하도록 다가가기 때문일 것이다.
그래서, 더욱 행복할 수 있는 것 같다.
내가 가장 불행할 때를 말해야 한다면 그건 꿈을 꾸지 않을 때일 것이다.
미래가 없고 희망이 없다면 인간은 단 한 발짝을 내딛는 것이 어렵기 때문이다.
잠들기 위해 자리에 누워 좋은 꿈을 꾸기 위해 준비한다.
그리고. 내일 아침 눈이 떠지면 그 꿈들이 이루어지기를 바란다.

검은색과 흰색은 같이 있어야 한다

선과 악이 천사와 악마가 같이 존재하듯
흰색이 얼마나 흰지를
검은색이 얼마나 검은지를 알 수 있다.

우리의 생활 속에 '악'은 영화에서처럼 괴물의 모습으로 나타나 불을 뿜으며 안 좋은 일만을 우리에게 강요하지 않을 수도 있다고 생각한다.
때로는 '선'의 모습으로 달콤하게 우리를 유혹할 수도 있을 것이다.
그래서 어쩌면 바르게 살려는 우리가 '선'을 행하려고 하다 유혹에 빠져 생각지도 않은 안 좋은 일들을 행하는지도 모른다.
검은색과 흰색이 같이 있다면 분명히 바로 볼 수 있을 것이다.

가끔 우리는 삶 속에서 조용히 흰색처럼 사시는 분들도 검은색에서 허우적거리며 빠져나오지 못하는 분들도 아니 그 속에서 즐기는 모습들도 볼 수 있다.
과연 나는 그 속에서 무슨 색을 띠고 있을까?

내 바람처럼 유혹에 흔들리지 않고 악마와 욕심과 타협하지 않고 흰색으로 살아가고 있는 걸까? 이 힘든 세상 속에서.
부끄럼 없는 후회 없는 삶을 살아가기를 기도해 본다.

사람은 누구나 자신의 이미지로 산다

누구는 삶을 잘살기 위해 돈이 중요하다 해서 돈을 벌기 위해 살고 누구는 명예와 권력을 위해 인생을 올인하고 살아간다.
하지만 사람은 돈도 명예도 자기 삶도 자신이 살아가며 만들어가는 언행과 행동 모습들 즉 이미지로 살아간다고 생각한다.
누구나 그 자신만의 이미지가 있다.

교회의 목사로 서의 이미지, 사업가로 서의 이미지, 선생님이나 부모로 서의 이미지 누구나 자기 몸에 맞는 이미지를 생각하고 만들어가며 적절하게 잘 관리하고 노력하는 사람은 때론 남들보다 좋은 위치를 갖고 좋은 이미지를 갖게 된다고 생각한다.

노숙자나 바보도 그들만의 말과 행동, 모습으로 만들어진 이미지가 있듯이 우리도 자기 몸에 꼭 맞는 이미지를 만들어 갈 수 있어야 한다.
우리는 자신이 원하는 모습에 맞는 말과 행동을 생각하며 그러한 이미지를 만들며 살아가고 있다.
얼마나 오랜 시간이 걸리는지는 모르지만 매일 매일 우리는 만들어가고 있다.

사람들은 자신의 이미지를 간단하게 표현하기 위해 스펙을 쌓고 이력서에 더 많은 줄을 첨가하면 된다고 생각할지도 모르지만 그건 그렇게 간단하지 않다.
서류에 다 표현할 수 없는, 어떻게도 포장할 수 없는 몸에 밴 언어와 행동으로 된 이미지이기 때문이다.

우리 내 '인생'이라는 것이 내 몸에 꼭 맞는 색깔의 이미지를 만들어 가는 것일지도 모른다고 생각해 본다.

내년이면 30을 앞둔 청년이 내게 물었습니다

“요즘 왠지 생각이 많아진 것 같아요. 보란 듯한 직장도 있어야 하는 것 같고 남과 차별된 나만의 일도 할 수 있어야 하는 것 같고, 결혼 준비도 해야 하는 것 같고…. 음 잘 모르겠는데 어떻게 하면 좋을까요?”

우린 요즘 심각한 젊은이들의 힘든 현실을 신문이나 뉴스로 매일 접하고 있다.
최소 대학 이상의 학벌을 요구하고, 군대는 필수, 가능하면 외국어 하나쯤은 스팩으로 있어야 하고 봉사활동 시간이나 단체 활동 경력도 필수 그래도 취직이 안 되고 결혼 능력이 안 돼서 무직이나 아르바이트로 30을 넘기는 젊은 세대들의 이야기들….

컴퓨터가 그리 활성화되지 않고 핸드폰이 없어 좀 불편하고 유학은 집이 부유하지 않으면 생각도 못 했던 시대에도 사회가 이렇게 힘들고 냉정하지는 않았던 것 같은데….
내가 해줄 수 있는 말은 사실 질문에 대한 답은커녕, 고민에 빠졌었다.

아니 누구라도 답을 안다고 하면 물어보고 싶은 질문이지 싶다.
돈이 많든 적든, 어떤 위치나 어떤 상황을 불문하고 더 행복해지고 싶은 건 공통된 질문이지 싶었다.

그저 내가 한 말은…. "정말 열심히 고민하고 생각해야 할 때인 것 같아. 누구라도 두렵지 않은 사람은 없어. 지금뿐만 아니라 인생을 사는 내내 항상 궁금함과 두려움을 갖고 살아가고 있어…."
인생은 수학 답처럼 문제를 풀고 답을 구하는 것이 아니기 때문에 결국 고민하고 부딪히고 경험하고 몸으로 가슴으로 느끼며 살아가는 것으로 생각한다고,
망막한 이야기처럼 들릴지도 모른다.

하지만, 정말 다행스러운 건 계속 고민하고 도전하고 어느 정도 갈 수 있거나 또는 실패해서 우울해하거나 해도 우린 적응한다는 것이다.
다시 일어서서 도전하는 힘과 여유가 생기고 그전과 같은 실수한 부분은 다신 경험하지 않으려고 더 잘할 하려고 하는 자신감이 생기는 것이다.
물론, 또 다른 고민과 실수와 문제에 부닥치곤 하지만 우린 내성이 생기고 단단해지는 것을 느낄 수 있다.
두려움에 시도해 보지 않고 안전한 선택만을 생각하고 고민한다면 엉망으로 엉켜버린 실타래를 들고 책상에 앉자 생각만 하는 경우와 다르지 않을 것이다.

추가로 그 젊은이가 납득하고 얼굴이 밝아졌던 이야기를 하자면, 아

무것도 포기하지 말고 아무것도 미리 선택하지 말고 모든 것을 다 시도해봐.
그리고 열리는 길로 가면 되는 거야.
그리고, 항상 잘 될 거야, 걱정하지 마.
자신에게 말해 주는 것을 잊지 말고….
그때 그 젊은이가 말했다.

'아무도 내게 걱정하지 마, 잘될 거야'라고 말해 주지 않았던 것 같다고.

그래, 어쩌면 지금의 젊은이들에게 필요한 건 말도 안 되는 인생의 답안지보다 "걱정하지 마, 잘 될 거야"라는 자신감을 가질 수 있는 말이 더 필요한지도 모르겠다.
웃는 얼굴로 조금 힘을 얻어 돌아간 얼굴이 기억이 난다.
전투에 참전하러 가는 군인처럼.
사실, 20대나 30대 젊은이들만 가진 고민이 아니라고 생각한다.
40대 50 이상이 되어도 아마 죽을 때까지 우리는 생각하고 두려움에 도전하고 대처하며 살아가는 것이다.

우리는 항상 일어나는 일들에 대해 왜 그러지?
자신을 탓하거나, 아니면, 남을 탓하는 경우가 많은 것 같다.
그럴 때 그냥 '그럴 수도 있지. 걱정하지 마. 모든 일이 잘될 거야'라고 주문을 거는 것이다.
정말 그럴 수만 있다면 당신은 죽을 때까지 행복하게 살 수 있을 거로 생각한다.

스마트폰 인생

오늘 하루 어떠셨는지요.
우리는 스마트폰을 통해 많은 정보를 접하고 대화하고 생활하고 있다.
그런데, 언젠가 대부분의 대화를 카톡이나 문자로 대신하는 문화 습관이 생겨났다.
학생들도 한곳에 모이면 서로 대화가 아닌 스마트폰을 만지작거리고 문자 보내기 바쁘다.
대화하기 쑥스럽고 할 이야기도 없다고.

우리 집안에서도 서로 방안에서 핸드폰으로 보고 문자를 하곤 한다.
아이들도 학교 숙제를 컴퓨터인터넷을 이용하거나 핸드폰을 이용해 작성하고 보내곤 한다.

그래도 우리 가족은 꼭 하루의 저녁 시간에는 한자리에 모이기 위해 노력한다.
물론, 핸드폰은 어디엔가 놔두고 저녁 테이블에 모여 앉는 것이다.
그리고, 하루의 일을 물어보고 하루의 일 중 생각나는 것을 이야기하는 것이다.
시시콜콜한 이야기여도 괜찮고 그냥 서로의 안부를 물어보고 음식이 맛있느니, 맛이 없느니 배가 고팠다느니. 그런 이야기를 하고 들어주는 것이다.

참으로 중요한 시간이다.
유일하게 서로의 얼굴을 보고 대화하는 시간이고, 이 시간을 그렇게 함께하기가 쉽지 않다.
그러나, 서로 그러기 위해 노력하는 것이다.

만약 서로에게 말하고 싶은 것이 있다면, 서로 서먹서먹 해졌다고 생각한다면 오늘은 한번 집에 가서 가족분들에게 용기 내어 물어보는 것도 좋을 것이다.
쑥스럽다고 해도. 용기를 내서 '오늘 하루 어땠는지…. 별일 없었는지.' 그 대답이 어떻든 해결하려 하거나 판단하려 하지 말고 그냥 듣고 받아들이면 된다.
그리고, 내일도, 매일매일 대화를 시도하고 두드려 보는 것이다.
아마 처음에는 기대보다 시큰둥해도 점차 웃음과 함께 무언가 변화가 생길 것이다.
언젠가 가족이 화목하게 둘러앉자 웃음 진 대화를 하는 모습을 상상해 본다.

참 종교인

주교님의 어느 강론 말씀이다.

참 종교인이란 하루에 기도를 얼마나 많이 하고 성당 봉사를 얼마나 하고 새로운 신자들 인도를 잘하고가 아닌.
일상생활에서 다른 사람의 모범이 되고 부러워할 만한 삶을 살아갈 때 즉, 보는 사람으로 하여금 저분은 어떻게 저렇게 인자하고 화도 잘 내지 않고 다른 사람을 위해 생각하고 여유로운 모습을 갖고 있을까?

라고 생각하는. 나도 저렇게 한번 살고 싶다는 생각이 드는 사람을 참 종교인이라 하셨던 말씀이 인상 깊게 생각난다.
내 아이들과 가족들과 그리고 나의 행복한 인생을 위해 참 좋은 사람 되기를 시작해 보고 싶은 생각이 들었다.

왜냐하면 우리는 행복하게 되고 싶은 꿈이 있으니까.
정말 그런 사람의 인생을 살아갈 수만 있다면 주위의 많은 분께 사랑받을 수 있을 거란 생각이 들었다.
참, 종교인.

인생을 좀 더 행복하게 지내려면

누군가가 말했던 것 같다.
인간은 살아가는 삶의 기간 동안 실제 일어나지 않은 일들을 생각하고 고민하고 그로 인해 고통받지 않는다면 인생을 좀 더 행복하게 지낼 수 있다고.

우리는 때로 목적을 위해 계획을 세우고 많은 고통을 참고 또 여러 가지 일어날 수 있는 상황에 대해 계산하고 만일 그것들이 내 생각대로 되지 않는다면 고민하고 또 계산하고 많은 시간을 그렇게 낭비하고 스트레스를 받고 살아간다.

사실 현재 일어나는 일들을 잘 대처하고 생각하기에도 바쁜데 말이다.
가능한 오늘 그리고 현재 내가 생각하고 해야 할 일들에 대해 집중해야 한다.
어떻게 하면 행복한 오늘이 될 수 있는지.
그 최선을 다한 오늘이 모여 기대되는 내일과 미래가 될 수 있다.

또한 우리는 살아가는 동안 생각지 못한 많은 일들에 대해 힘들어 한다.

행복한 삶을 위해 노력하고 기도하고 생각하지만, 신이 우리에게 우리가 바라는 돈이나, 행복이나, 만족감이나 그 어떤 것들도 우리가 원한다고 바로 하늘에서 던져 주지는 않을 것이다.

가끔 우리는 살아가면서 "내가 왜 이 일을 해야 하지?
아니 왜 나한테 이런 일들이 일어나는 거야? 라고 질문을 할 때가 있다.

어쩌면 어떤 힘든 경험이나 때론 고통스러운 시간이, 생각지도 못한 경험들이, 결국 그런 것들을 통해 우리가, 내가 원하는 것들을 받아들일 수 있게 준비하고 그것들이 준비되었을 때 주어지는 건 아닐까? 라는 생각하곤 한다.

결국, 우리는 힘든 시간이 내게 주어진다면 어떻게든 그 숙제를 잘 이겨내려 하고 우리가 원하는 것이 이루어질 수 있도록 노력하기 살기 때문이다.
때론 그런데도 끝내 잘 안되는 경우도 일어난다.
정말 필요하고 진심으로 기도하고 노력했는데도 불구하고 말이다.

그러나 어쩌면 내가 아직 준비가 덜 되었을 수도 있고 나만의 특혜를 바랐었을 수도 있다.
혹은 좀 더 시간이 흐른 뒤에 바라던 일이 일어나는 일도 있다.
우리는 잘 모른다.
언제, 어떻게 그런 일들이 내게 일어나는지

세상이 점점 정보가 많아지고 삶이 힘들어지자 많은 종교와 정신적

지도자들이 나타났고, 사람들은 혼란 속에 여러 신들과 믿음을 갈구하게 된 것 같다고 생각한다.
정신적 믿음은 확실히 힘든 현실의 삶을 버티게 해주고, 욕심을 버리고 행복하게 살 수 있는 길을 보여주기도 한다.

하지만, 때론 믿음을 택하는 과정에서 갈등을 겪고 유혹에 넘어가고 욕심을 부리고 넘어서는 안 되는 선을 건너는 분들을 본 적이 있습니다.
무엇을 위해 그렇게까지 하는지…. 마치 죽지 않고 영원히 현세를 살 수 있는 것처럼….
마치 늙지 않고 영원한 아름다움과 건강을 유지할 수 있다는 것처럼.
아마 평소에 들었으면 코웃음을 쳤을 이야기지만 인간의 기본 욕심이 보이지 않는 무언가를 만들어 내고 보이게 하지 않았나 생각한다.

너무 불안해하지 않았으면 한다.
우린 모두 잘하고 있고 잘해갈 수 있는 힘이 있으니까.
그리고, 자신을 믿어야 한다. 욕심을 버리고 노력하는 자신을 믿어야 한다.
어떤 종교든 어떤 신이든
우리에게 있지 않은 것을 주고, 가질 수 없는 것을 줄 수 없을 것이다.

우리가 잊고 사는 중요한 것들, 행복을 위해 정신적으로, 현실적으로 할 수 있는 것들을 위해 믿음을 갖고 의지하는 것뿐이다.
그리고, 만약 내가 그런 것들을 느낄 수 있어서 행복하다면 많은 이들을 위해 되돌려 주어야 한다는 것도 잊지 말았으면 한다.

때론 세상은 부는 바람과 같다

삶은 마치 흐르는 물과 같지 않나 생각한다.
가끔 서서 바람이 어느 쪽으로 부는지, 물이 어떻게 흘러가는지
몸을 맡기고 느끼며 자연스럽게 같이 흘러가는 게 중요하지
않을까 싶다.

혹 내가 바람과 같은 삶의 흐름에 맞서 서서 힘들다고 하고 있지는
않은지, 혹은 내가 무리하게 물의 흐름을 바꾸려 하고 있지 않은지.
가만히 서서 세상의 흐름을 느끼고 같이 흘러가려 하는 게 현명하지
않을까 한다.

꼭 필요한 사람

비가 오면 우산이 필요합니다.
눈이 오면 따뜻한 옷과 같이 눈을 맞아줄 사람이 필요합니다.
기쁠 때는 같이 웃어주고 축하해줄 사람이 필요합니다.
눈물이 날 때는 내 어깨를 잡아줄 사람이 필요합니다.
답답할 때는 같이 차를 권하며 내 이야기를 들어줄 사람이 필요합니다.
맛있는 음식을 먹을 때는 정말 맛있다고 하며 같이 먹어줄 사람이 필요합니다.

우린 누군가에게 이런 꼭 필요한 사람이 되고 싶습니다.
그럼, 그 사람도 내게 꼭 필요한 사람이 되어줄 것입니다.

맛있는 피자를 혼자 먹고 있자니 벌써 배가 불러옵니다.
그래서, 맛있는 피자를 둘이 먹으니 좀 허전하고 남는 피자 걱정입니다.
그래서, 맛있는 피자를 여럿이 둘러앉자 먹으니 너무 맛있는 피자가 순식간에 없어지고 좀 아쉽습니다.
그때 누군가 말합니다.
피자가 모자라 아쉬운데 좀 더 시켜 먹자…. 내가 살게….
그래서, 피자는 여럿이 먹기 위해 주름이 있나 봅니다.

사랑은

사랑은 모든 것을 아름답게 보이게 하는 능력이 있습니다.
사랑은 능력 없다고 생각한 나를 무엇이든 가능한 슈퍼맨으로 만드는 것 같습니다.
사랑은 모든 것이 우리 사랑을 위해 존재한다고 믿게 만듭니다.
사랑은 안 먹어도 배부르게 하고 우리를 행복하게 합니다.
우리는 항상 사랑하고 싶어 하고 사랑하기 위해 살아갑니다.

사랑하면 마법에 걸린 것 같이 세상이 아름답게 보입니다.
사랑하면 그 사람을 위해 모든 것을 다 해줄 수 있는 용기가 생깁니다.
표현하세요. 용기를 내서

사랑하면 행복한 꿈을 꾸게 됩니다.
밥을 먹을 때도, 잠을 자려고 누워도,
버스나 지하철을 타도, 음식을 먹을 때도 그 사람 생각에 흐뭇한 웃음이 지어집니다.

행복한 사랑

아이의 사랑스러운 웃음은 부모의 마음을 풍요롭게 합니다.
아이의 깔깔대는 웃음소리는 그 어떤 음악보다도 부모의 기분을 좋게 합니다.

아이의 행복스러운 모습은 부모의 과거이고 미래이기도 합니다.
그 사람의 사랑스러운 웃음은 내 심장이 훨씬 빨리 뛰게 되고 기분 좋은 내 마음을 무엇이든 가능하게 합니다.

그 사람의 맛있게 먹는 모습은 나를 행복하게 하고 더 맛있는 것들을 상상하게 합니다.
그 사람의 행복한 모습은 나 자신의 행복이고 우리의 미래입니다.
행복한 사랑을 하세요.

you will be fine...

외국영화를 보면 그들은 항상 습관처럼 말합니다.
you will be fine.(너는 괜찮을 거야).
평소는 물론이고 쓰러져 죽어 가는
이의 눈을 보며 말합니다.
you will be fine.(걱정하지 마. 너는 괜찮을 거야).
나도 누군가에게 그렇게 말해 주고 싶습니다.
나도 누군가에게 그런 말을 듣고 싶어집니다.

네비게이션

내가 가고자 하는 길을 가르쳐주는
네비게이션이 나왔습니다.
길과 함께 맛집, 주요소, 시간, 요금까지
친절하게 가르쳐 줍니다.
그런데, 정말 내가 원하는 길은 잘 모르는 것
같습니다.
좀 더 내 인생을 잘 가고 싶은데 어느 길을
선택해야 하는지….

지하철 계단 옆 할아버지

부슬부슬 비가 오는 날.
지하철 계단 옆에 할아버지가 앉아 계십니다.
무심코 지나치는데
15년 전 인도에서 나에게 1루피를
구걸하시던 에메랄드 바다색의 맑은 눈빛의 할아버지가
떠오릅니다.

후회하며 수많은 시간을 찾아 헤매었는데….
작은 정성을 표현하니 고맙다고 하십니다.
그렇게 오늘 내게 기회가 다시
찾아왔습니다.

당당해 지세요

어느 건물 지하 2층 장애인 활동 지원 교육 시간
1급 장애인 한 분이 휠체어를 타고 강사로 나와
마지막에 부탁하십니다.
장애인 활동을 도와주시는 여러분이
당당해지셔야 합니다.
부탁드립니다.
그래야, 여러분에게 도움을 받는 장애인도
당당해집니다.
떳떳한 나 자신의 삶을 지향하고 살았는데
오늘부터라도 당당히 살고 싶습니다.

믿음

어릴 때 웅변대회 나가기 전에 엄마가 주신 날달걀 하나를 구멍을 내서 쭉 마시고 올라갔던 기억이 납니다.
시험 때마다 공부는 안 해도 엿은 사서 먹고 고3 입시 전에는 옆에 있는 여학교에 밤에 몰래가서 여학생 방석을 훔쳐다 밑에 깔고 시험을 보면 좋다는 말에 고민도 해보고….
운동선수들도, 각종 전문직 종사하시는 분들도 자신이 믿는 징크스가 있겠지요.

여러분들은 무엇을 믿고 계시는지요?
나이가 들수록 믿지 못 할 일들이 많아져 아쉽습니다.
하지만 아직도 많은 것들을 믿고 살고 싶습니다.
나 자신을 믿고 사람들을 믿고 세상을 믿고 싶고 이 세상은 정말 살만한 세상이라고 믿고 싶습니다.

나만 왜 이렇게 힘들지?

나만 왜 이렇게 힘들지?
나날이 대학 등록금, 학자금 대출, 월세, 전세난, 취업이 안 되고 결국 3포를(연애, 결혼, 출산) 겪고 있는 상황을 보면 안타까울 뿐입니다.
주위의 학생들이나, 주위의 사람들이 물어 옵니다.

나만 왜 이렇게 힘들지요?
남들은 무언가 뒷받침이 있고 그렇게 힘들어하지 않는 것 같은데….
저 또한 그런 생각이 드는 날엔 점점 딜레마에 빠져 우울해지곤 합니다.

하지만, 분명한 건 나만 힘든 것이 아니라는 것입니다.
열심히 살아가는 내가 힘들다는 건 다른 이들도 같이 힘들어한다는 것이고 내가 모르는 일로 그들도 힘듦을 버텨내고 있다는 것입니다.
어쩌면 그 사실만 알고 있어도 우리는, 또 그들은 잘해 나갈 수 있을 것입니다.

Take time(시간을 가지세요)

영화를 보면 많이 나오는 대사 중의 하나가 Take time(시간을 가지세요)입니다. 괜찮으니 쉬어가라는 이야기입니다.
그들의 생활 속의 문화라고 생각합니다.

반면 우리는 짧은 시간 속에 경제문화를 이룬 국가로 항상 모든 면에서 빨리 빨리를 외쳐왔습니다.
그리고, 이젠 그 빨리빨리 문화로 인한 많은 문제를 겪는 과정에 도달했습니다.
건물이 무너지고 배가 침몰하고 시간을 들여야 하는 의, 식, 주의 모든 문화에서 생살이 깎이는 듯한 고통을 겪고 있습니다.

Take time(시간을 가지세요), 시간이 천천히 흐르는 것을 느낄 수 있습니다.
시간이 천천히 흐르면 바람도, 주위의 아름다운 색상도, 음식의 맛도, 장인의 노력도, 가정 속의 가족들 대화도 듣고, 느낄 수 있습니다.
너무나 힘들고 바쁜 생활….
그 속에서도 Take time(시간을 가지세요)
깊이 숨을 들이마시고 주위를 둘러보는 겁니다.

간디 이야기

막 출발하려는 기차에 간디가 올라탔습니다.

그 순간 그의 신발 한 짝이 벗겨져 플랫폼 바닥에 떨어졌습니다.

기차가 이미 움직이고 있었기 때문에 간디는 그 신발을 주울 수가 없었습니다.

그러자 간디는 얼른 나머지 신발 한 짝을 벗어 그 옆에 떨어뜨렸습니다.

함께 동행하던 사람들은 간디의 그런 행동에 놀라지 않을 수 없었습니다,

이유를 묻는 한 승객의 질문에 간디는 미소를 지으며 말했습니다.

"어떤 가난한 사람이 바닥에 떨어진 신발 한 짝을 주웠다고 상상해 보십시오. 그에게는 그것이 아무 쓸모가 없을 것입니다. 하지만 이제는 나머지 한 짝마저 갖게 되지 않았습니까?"

만약 사랑하는 사람이 있다면

나중에 해도 된다고 늦추며 후회하지 마세요.
사람이 그리고, 시간이 당신의 생각만큼 기다려 주지 않아요.
그 사람이 차지했던 사랑의 공간은 그 무엇으로도 메꿀 수 없습니다,
상처 난 가슴을 붙잡고 눈물로 지세게 될 것입니다.

흘러가면 되는 것을

바람에 나부끼는 잎새처럼, 흐르는 강물 위에 떠내려가는 잎새처럼, 흘러가면 되는 것을.
그렇게 흘러가다 어디엔가 잠시 멈추어 잘 쓰이길 바래봅니다.

성인 돈보스코가 말씀한 내용입니다

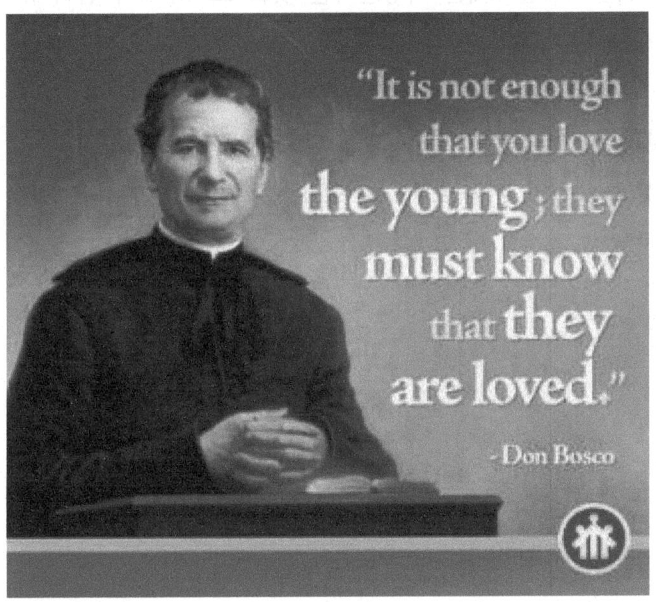

그들을 사랑한다면 그들을 사랑한다는 것을 보여주십시오.
사랑하는 것만으로는 충분치 않습니다.
그것을 의식하고 느끼게 해주어야 합니다.

열정은 자신의 인격으로 사랑받는 이에게 감동을 주고 그를 변화시킵니다.

아이들을 사랑하는 것만으로는 부족합니다.
그들 자신도 사랑받고 있다는 것을 알게 해야 합니다.
어른들은 아이들이 좋아하는 것을 사랑해야 아이들도 어른들이
좋아하는 것을 사랑하게 됩니다.
이 방법은 아주 쉽습니다.
사랑받고 싶어 하는 사람들에게는 사랑한다는 것을 보여주어야 합니다.
특히 아이들에게는 더 그렇습니다.

사랑을 하는 것과 사랑을 받는 것은 분명 다르다.
하지만, 어느 것도 우리가 가슴으로 느끼고 싶은 건 분명합니다.

스마트폰이 없었을 때

스마트폰이 없었을 때 우리는 사랑하는 사람에게 편지를 썼었습니다.
그리고, 언제 올지 무슨 내용인지 모르는 답장을 기다리며 많은 상상을 했었습니다.
그리고. 그 편지가 내 손에 쥐어졌을 때 우리는 행복한 사랑을 했습니다.
좀, 불편할지도 모르지만 흥분되고 설렘이 가득한 사랑이었습니다.
사랑은 기다림이고, 설렘입니다.

당신이 하고 싶은 일이 생겼을 땐…

당신이 하고 싶은 일이 있는데, 어떤 두려움에 머뭇거리고 있다면 주저하지 마세요.
당신에게 기다리던 기회가 온 건지도 모릅니다.
신은 우리에게 이유 없이 할 수도 없는 일을 맡기지 않습니다.
머뭇거리는 발을 한걸음 띄어 보세요.
당신이 모르는 당신의 인생을 위해서….

우리 자신은 매일매일 자신이 원하는 이미지를 만들어갑니다.
의사는 의사의 지식과 모습, 행동을 갖추기 위해
선생님은 선생님의 이미지를 갖추기 위해,
거지는 거지대로 이미지를 갖고 있습니다.
자신에 맞는 이미지를 만들어가세요.

좋아 보이는 다른 이미지를 흉내 내거나 입어보는 것도 괜찮습니다.
맞지 않고 힘들면 벗어버리면 되니까요.
중요한 건 자신이 원하는 꼭 맞는 이미지를 만들어가는 겁니다.

살아가는 이유…

이 세상에 이유 없이 일어나는 일은 없다고 합니다.
하고 싶은 일들의 이유를 만들어 적어보세요.
해야 하는 이유도 적어보세요.
무의미하다고 생각한 당신의 하루. 중요하니까요.

마음이 아픕니다

상상할 수 없는 많은 돈을 갖고도 쓸 시간이 없는 부자를 보면 마음이 아픕니다.
모든 것이 자기 것 인양 자기 맘대로 쓰다 심판받는 기업인을 보면 마음이 아픕니다.
더 이상 희망이 없다고 하루하루를 살아가시는 분들을 봐도 마음이 아픕니다.
내게 있다고 다 내 것이 아니고, 내게 없다고 영원히 가질 수 없는 것이 아닙니다.
모든 건 당신의 생각에 따라 달라질 수 있습니다.

미안해지는 오후

아내가 위가 계속 아프다고 호소합니다.
이런저런 방법을 알아보고 이야기하니
관심을 두어서 고맙다고 합니다.
왠지 미안해지는 오후입니다.

사랑한다는 것은 머무르는 것

내가 그 사람을 사랑한다는 것은
그 사람 곁에서 오래
머무르는 것입니다.

내가 부모님을 사랑한다는 것은
가능한 부모님 곁에 오래 머무르는 것입니다.

우리가 특별히 소중히 생각하는 동물이
있다는 것은 그 동물이 내 곁에 항상
머물러 있어 주기 때문입니다.

내가 무언가를 누군가를 사랑한다면
그곳에서 오래 머물러 주세요.
사랑한다는 것은 머무르는 것입니다.

흔들리지 않고 피는 꽃은 없다

흔들리지 않고 피는 꽃은 없습니다.
흔들리지 않고 걸음을 걸을 수 있는 사람은 없습니다.
흔들리지 않고 버틸 수 있는 나무는 없습니다.

내 삶이 흔들려도 내 마음이 흔들려도
내 선택이 흔들려도 괜찮습니다.
당신이 중심을 받치고 있으니까요.
당신은 더욱 강하고 아름다워질 것입니다.

나를 위해 세상은

삶은 사실 그렇습니다.
매일 아침 나를 위해 새로운 태양을 보게 해주고
가끔 소나기로 주위의 사물을 더욱
또렷하게 보게 해주고 지친 몸을 쉬게 하려면
적당한 어둠과 노을로 하루를 편안하게 마무리하게 합니다.

내가 아름다움을 보려 하면 그것들을
누릴 수 있고 내가 삶의 힘든 부분만 생각하면
힘든 부분만 보고 느끼게 됩니다.
사실 우리의 매일매일은 아름다움으로
시작합니다.

매일 아침 9시

오늘 아침 9시는 너무 아름답고 푸른 하늘을 보여줍니다.
어제 아침 9시는 왠지 뜨겁고 짜증 나는 푸른색 하늘입니다.
그제 아침 9시는 아무 생각 없이 좋은 일이 일어났으면 하고
바라는 푸르딩딩한 하늘이었습니다.

우리는 매일 흔들리는 갈대와 같은 인간입니다.
하늘은 정해진 색으로 우리를 맞이하는데.
내일의 하늘이 기대됩니다.

그분의 사랑 뒤에

교황님께서 왔다 가시고 우리 사회가 정말 외로웠구나.
그런 생각이 들었습니다.
그분의 말씀으로 외롭고 힘들었던 우리 삶에 대해 진심으로
이해해주고 들으려 하셨고 우리는 그런 그분을
너무나 사랑했었습니다.

그분은 가셨지만 우리는 누군가의 이야기를 들어줄 수
있어야 하고 내 힘든 이야기를 할 수 있었으면 합니다.
아직 내 마음 어딘가에 따뜻함과 그분의 말씀이 남아 있음을
느낍니다.

내가 기도하면…

유명한 영화 대사입니다.
내가 돈을 달라고 기도하면 신이 돈을 뿌려주시겠습니까?
아니면 돈을 벌 수 있는 기회를 주시겠습니까?
나에게 기회를 달라고 기도하면 신이 바로 기회를 주시겠습니까?
아니면 어떤 일을 통한 기회를 주시겠습니까?
우리를 힘들게 하는 일들이 사실 우리가 모르는 이유로 일어나는 일일 수도 있습니다.

내게 주신 사과나무…

5년 전 지인에게 사과나무 두 그루를 받았습니다.
별다른 지식도 없었고 바쁜 현대인이 사과나무를 관리할 시간과
능력도 없었기에 작업실 앞 모래흙에 심었습니다.

그리고, 시간이 지나 5년 뒤 올해 한그루의 사과나무에서
50여 개 정도의 새콤하고 맛있는 사과가 열렸습니다.
한 번도 퇴비나 비료를 준 적 없고 수십 번을 쳐야 한다는
약을 단 한 번도 친 적이 없는데 말입니다.

주위의 농사꾼들도 신기해하시고 무언가 해 준 게 없으므로
사과나무 스스로가 살기 위해 면역력을 키웠고 그로 인해
병들지 않은 유기농 새콤한 사과가 열릴 수 있었다고 합니다.

비타민이 일반 사과의 열 배가 들어있다고 하니 나로서는
신이 내게 준 선물인가 보다. 감사하는 마음으로 수확을
해서 '가족분들에게 내가 사과를 재배했다'고 큰소리치며
나누어 먹을 수 있었습니다.

그런데, 사실 내가 해 준 게 아무것도 없는 것은 아닙니다.

올해 추운 겨울 혹시나 하는 마음에 가지치기를 해주었고,
매일 지나가며 쳐다보고 말을 걸어주었습니다.

더울 때는 물을 길어 주고, 비료나 약 대신 말을 건네 주었습니다.
'힘들지, 잘 할 수 있을 거야. 기특하다.'라고 말입니다.
나이를 먹으면서 긍정의 힘을 더욱 믿게 됩니다.
그게 사람이건, 식물이건, 사물이건 말입니다.
오늘도 감사하는 마음으로 맛있는 사과를 먹을 수 있습니다.

서로에게 눈이 되어주세요

우리는 간혹 지나가다 눈이 잘 안 보이시는 분들이 작대기로 땅을 확인하며 지나가시는 것들을 볼 때가 있습니다.
보통은 그냥 '힘드시겠다' 비켜 드려야겠다. 그 정도로 생각해 왔습니다.

어느 날 우리 집에 와서 와이프와 딸아이에게 서로의 눈이 되어주는 게임을 진행했습니다.
두 사람이 짝이 되고 한사람이 다른 사람의 눈이 돼주어 앞에서 천천히 걸으며 아주 자세하게 길이나 모든 상황을 설명해주고 다른 한 사람은 눈가리개로 눈을 가리고 앞사람의 어깨나 팔꿈치를 잡고 따라가는 것입니다.

정말 아무것도 안 보이기에 앞사람의 말과 어깨나 팔꿈치에서 전해오는 느낌만으로 한 걸음씩 한 걸음씩 가는 것입니다.

정말, 두 사람의 믿음과 신뢰가 없으면 단 한 발자국도 나아갈 수 없었습니다.
오랜 시간 같이 한 가족인데도 정말 묘한 느낌이었고 그 게임은 우리에게 즐거움 이상의 많은 것을 깨닫게 했습니다.

가족분들에게 소홀했다고 생각하시거나 좀 서먹하다고 생각하시는 분들은 한번 해보시면 어떨까요?
'나를 못 믿느냐고' 싸우시지 마시고 서로에게 부족한 부분을 알고 채우는 체험입니다.
끝으로 주변의 시각이 불편한 분들을 생각하시는 것도 잊지 마시고요.

사랑은 문자가 아닌 말로 전하세요

요즘은 급한 일이 아니면 가까운 거리에도 말 대신 문자로 내용을 전합니다.
스마트폰이 없던 시절에는 가까스로 집 전화로 통화가 되면 운이 좋고 그 사람을 만나기 위해 기다리고 먼 곳은 기다림과 설렘으로 편지를 주고받았습니다.
가능한 아름다운 말로 가능한 진심을 전하기 위해 큰 노력을 했습니다.

지금은 내 진심이 함축적인 단어와 이모티콘이 대신합니다.
때론, 너무 짧고 영혼이 없다고 싸우네요.
하지만, 정말 중요한 '사랑한다는 말'은 꼭 마음을 담아 직접 전하세요.
그래야 가슴까지 변하지 않고 전달되니까요.

적당히 물을 주세요…

집안에 키우는 화분이나 꽃나무들은 며칠에 한 번씩 물을 주시는지요? 각각 물을 주는 시기가 달라서 물을 조금이라도 많이 주면 뿌리가 썩고 물을 적게 주면 말라서 죽은 경험들이 있으실 겁니다.

내 주위의 사랑하는 가족이나 지인들에게는 얼마나 물을 주시는지요? 그들도 마찬가지로 사랑이 넘치면 의지만 하는 아이로, 또는 잔소리로 돌아오고 사랑이 모자라면 바깥으로 겉돌거나 멀어지게 되지요.

잊지 마세요.
각각 적당히 물을 주는 겁니다.
따뜻한 애정을 갖고….

내 마음이 평안해지는 말씀…

너무 좋은 말씀이 있어 포스팅합니다.

성 프란치스코 기도

주여, 나를 당신의 도구로 써주세요.
미움이 있는 곳에 사랑을
다툼이 있는 곳에 용서를
분열이 있는 곳에 일치를
의혹이 있는 곳에 신앙을
그릇됨이 있는 곳에 진리를
절망이 있는 곳에 희망을
어두움에 빛을
슬픔이 있는 곳에 기쁨을 가져오는 자 되게 하소서
위로받기보다는 위로하고
이해받기보다는 이해하고
사랑받기보다는 사랑하게 하여 주소서
우리는 줌으로써 받고
용서함으로써 용서받으며
자기를 버리고 죽음으로써 영생을 얻기 때문입니다.

자꾸 넘어지다 보면 금방 일어나는 법을 배운다

내가 하려고 했던 일들이 잘되지 않았을 때 우리는 힘들어하고 자책도 하고 누군가를 원망하기도 한다.

그러나, 그 상처가 아물 때쯤 또다시 다른 도전을 준비하면 된다.
나 같은 경우에도 원하던 것이 안 돼도 다시 도전을 준비하고 상처가 빨리 아물도록 케어하며 다시 일어날 준비를 합니다.
넘어지는 것에 연연해하지 않고 빨리 일어나 다른 도전을 준비하는 것이 중요하다고 생각하기 때문이다.

결국, 내가 힘들어하고 고민하고 자책했던 그 모든 시간이 결국 내 인생을 더욱 풍요롭게 한다는 것을 우리는 알고 있다.
내가 원하는 행복과 사랑하는 삶을 위하여….

가을 코스모스 색이 뭔지 아시나요?

깊어가는 가을! 차를 몰고 가는 길에 코스모스가 바람에 한들거리네요.
너무 아름다워 기분이 좋아집니다.
가을 코스모스 색이 뭔지 아시나요?
시간이 없어 볼 시간이 없었다고요?
아름다운 시간, 아름다운 사람들을 만나 이야기하고,
아름다운 것을 보십시오.
나도 점점 아름다운 생각을 하고 행복해집니다.

썩는 밥과 썩지 않는 밥의 차이

몇 년 전 TV 방송의 다큐멘터리가 생각납니다.
많은 사람에게 똑같은 쌀밥은 나누어 주고 어떤 쪽에는 매일 사랑과 칭찬을 해주는 것입니다.

'넌 너무 사랑스러워, 맛있을 거야, 고마워….'
그리고, 또 다른 쪽 밥에게는 온갖 욕설과 미움을 담아 이야기를 해 주는 것입니다.
'넌 정말 맛없어. 짜증나, ㄱㅂㅆ….'

그리고, 며칠이 지나자 사랑을 준 쌀밥은 맛있게 삭은 것입니다. 마치 우리가 막걸리 삭히듯이….
그리고, 반대쪽 욕설을 한쪽은 시커멓게 썩는 것이었습니다.
믿을 수 없는, 하지만 분명한 사실에 놀랍지 않을 수 없었던 기억이 생생합니다.
우린 모두 사랑과 칭찬을 먹고 사는 인간입니다.
우리 주위의 모든 생물도 아마 그럴 것입니다.

두려움

느닷없이 어느 날 갑자기 조금씩 불안해 옵니다.
그 불안감은 꼬리에 꼬리를 물고 우리의 상상력을 타고 점점 커집니다.
곧 불안감은 두려움으로 커지고 마치 바이러스처럼 나를 집어삼킬 듯 커질 때가 있습니다.

그렇게 우울증이나 또 다른 정신적 스트레스를 겪은 적이 있지 않은가요?
우린 어디선가 그 이유를 찾기 시작합니다.
공부나 스트레스. 경제적인 이유… 과연 무엇일까요?
사실 무엇이든 이유가 될 수도 있겠지요.

가장 중요한 건 정신없이 흔들리는 자신을 가만히 차분히 내려놓고 지켜보는 겁니다.
좀 더 자신을 믿는 겁니다.

'잘 될 거야. 잘 할 수 있을 거야' 내가 가진 장점들을 생각하고 내게 일어난 밝은 생각들을 하는 겁니다.
불안해하지 않고 조용히 생각을 내려놓는 겁니다.
우리는 모두 혼자가 아닌 사랑하고 사랑받는 존재임을 잊어서는 안 됩니다.

스펙이냐? 점수냐? 인성이냐?

매년 바뀌는 대학입학제도, 취업제도로 많은 젊은이의 갈등을 초래하는 게 우리의 현실입니다.

경험도, 꾸준한 점수도, 갖고 있는 인성도 어느 하나 중요하지 않은 게 없습니다.
갑자기 생성된 잣대로 한 가지를 정하고 사람을 평가하는 게 우리 사회의 문제점이고, 저는 학생들에게 말합니다.

정말 미안하다.
어른들이 미안하구나.
좋은 어른이 되렴, 너희들이 좋아하고 중요하다고 생각하는 일을 할 수 있는 세상을 만들어 가야 한다.
세상은 더불어 가야하고 사랑을 주고받을 수 있는 삶을 살아야 한다.

노벨 평화상 수상자들을 보며

세계적인 눈길을 끌고 있는 노벨 평화상 수상자들이 소개되었습니다.
그중에 파키스탄 소녀 인권 운동가 '말랄라'.
그녀는 소녀들의 교육을 받을 권리에 대해 탈레반에 맞서다 머리에 총상을 입고도 기적적으로 살아나 책 한 권, 펜 한 자루가 세상을 바꾼다. 라는 인식을 심어준 소녀입니다.

인도의 시티아르티, 그는 인도의 아이들… 매매와 강제 노동에 시달리는 아이들의 인권개선을 위해 활동하는 운동가입니다.

우리에게 그리고 우리 아이들에게 자신의 삶에 대한 권리와 자유가 있는 것입니다.
한국은 어떠한가요? 정말 만족스럽게 잘 보장받고 있는 것일까요?
아니면 넘치는 자유로 또 다른 문제를 일으키고 있진 않은가요?

우리는 사랑하고 칭찬받고 싶어 하는 존재입니다.
우리도 우리 아이들도 그러함에, 항상 노력함을 잊지 말아야 할 것입니다.

이 세상에 공짜는 없단다

오늘 딸아이를 앉혀놓고 신중하게 말했습니다.
이 세상에 공짜는 없단다.
그건 노력 없이 얻어지는 건 없다는 의미도 있지만,
내가 한 선행, 선한 말, 긍정의 어떤 것도 후에 어떤 식이든 내가
힘이 들 때 나에게 되돌아온다고….
그리고, 반대로 내가 한 악행, 심한 말, 그 무엇이든 타인에게 해가
되는 일이라면 후에 그대로 나에게 되돌아올 것이야.
이 세상에 공짜는 없단다.

홍콩의 우산 혁명이 말한다

홍콩의 국민이, 홍콩의 젊은이들이 뜨거웠던 적이 있었다.
마구잡이로 뿌려대는 정부의 최루탄에 맞서 우산을 쓰고 막고 있는 모습에 우산 혁명이라 불렸다.

그들은 중국으로부터 홍콩의 자유를 위해 싸우고 있었다.
그들은 말합니다.
나중에 후손들을 위해 다시는 이러한 일들이 일어나지 않기 위해 싸워야 한다고….
우리가 기본적으로 누려야 할 행복과 권리에 대해 그들은 싸우고 있는 것 같습니다.

사실 어느 곳이든 누구든 우리는 스스로 이런 일들에 대해 고민하고 싸우고 노력하고 있는 것이 사실입니다.
상대가 정부든 내 자신이든….
자신의 행복을 위해, 자신이 사랑받기 위해, 우리는 최선을 다해야 하는 것입니다.
우리가 살아가는 동안….
내가 누리는 행복과 자유에 감사하면서 말입니다.

내 이름을 갖고 살아간다는 것

우리는 모두 태어나면서 이름을 갖고 태어난다.
부모가 나를 위해 지어준 이름으로 삶을 살아가는 동안 불린다.
만약 내게 당연한 가족이 없다면….
만약 내게 이름이 없다면….
정말 나의 존재에 대해 다시 생각하게 되고 흔들리는 삶을 살아가고 있지 않을까?

우리는 모두 자신의 이름을 갖고 자기 가족에 기대며 그들과 같이 노력하며 살아간다.

내게 주어진 가장 최소한의 기본적인 것에 대해 감사하며 살아가야 하는 이유이다.
내게 새로운 가족이 생기면 정말 기다리던 아이가 생기면 정말 진지하게 불릴 아이의 이름을 고민하고 행복을 고민하듯이 말이다.
누군가에게 불릴 이름을 갖고 살아간다는 것.
멋지고 아름다운 일입니다.

아버지

아버지는 어느덧 75세의 연세로 꺾이지 않을 것 같던 고집도 둥글둥글해지고 옛날 가족, 형제들이 굶지 않기 위해 무엇이든 했던 그 힘들고 어려웠던 시대를 지나 급변하는 현시대를 살기 위해 인터넷, 스마트폰도 배우시고 몇 년 전부터 장애인 활동을 도와주고 시급을 받는 복지적인 일을 하시며 언젠가 내게 말씀하셨다.

"아직 건강해. 인간의 수명도 늘었고 시대에 맞추어 생각도 바꾸며 살아가야 해"

중견 회사 간부직으로 퇴사하시고 생각보다 힘든 현실을 지나쳐왔지만 사실 아직도 현역이시며 자부심을 갖고 사시는 아버지….
당신이 자랑스럽고 감사합니다.

(accept) 받아들일 수만 있다면 행복해집니다

우리는 살아가면서 많은 '바램'을 갖고 살아갑니다.
어느 날 그 바람은 고집스럽게 꼭 이루어져야 하는 당연함으로 바뀌어갑니다.

혹 그 바람이 이루어지지 않는다면 불만으로, 고민으로 바뀌고 맙니다.
마치 세상을 다 잃은 것 같은 불만으로 가득하기도 합니다.

우리가 이러한 세상을 살아가는 동안 우리에게 주어지는 일들이 내가 바라는 대로 아니면 바램과는 다른 방향으로 주어져도 담담하게 이해하고 받아들일 수만 있다면 정말 행복한 인생을 살 수 있을 텐데 말입니다.

어느 정도 나이를 먹어가면서 세상을 내가 생각한 데로 살 수 없음을 우리는 느낄 수 있습니다.
하지만 내 생각이 다 옳은 것도 아닌 것 같고 설사 생각대로 그렇게 주어진다 해도 잘 살아갈 수 있는지 모릅니다.

때론 내 생각과는, 내 바램과는 다르지만 잘 될지도 모른다고 생각할 때도 있습니다.
그렇게 내가 받아들일 수만 있다면 그 순간부터 우리의 삶은 행복하고 감사한 삶을 살 수 있을 것 같은 느낌이 듭니다.

행복은 내가 좋아하는 것을 찾아가는 과정입니다

우리는 행복해지길 바란다.
그래서 더욱 많은 돈과 맛있는 음식
좋은 집 등에 집착하기도 한다.

한 가지 분명한 것은 행복해지기 위해서는
남과 비교하지 않고 내가 좋아하는 것들을
찾아가는 것이다.

그런 것을 느낄 수 있다면 결국
내가 살아가고 있음에도 감사하고 행복하다고
생각할 수 있다.

내가 좋아하는 음식들.
내가 좋아하는 음악,
내가 좋아하는 관심사들,
내가 좋아하는 사람들,
좋아하는 일들….

이 모든 것이 나를 행복하게 해준다.
이 모든 것들을 바쁜 일상에 밀려
잊어버리지 말고 꾸준히
실행하는 것이다.

우리는 모두 행복을 느끼며 살아가야 한다.
내가 할 수 있는 일들을 생각하며.

항상 나는 많은 것들을 생각하고 많은 것들을
사람들을 위해서 사람들과 같이 할 수 있기를 바라며 고민한다.

또한, 내게 그럴 수 있는 능력이 주어지기를 기도 한다.
하지만, 결국 그것은 내게 주어져야 하는 것이 아니라 나 스스로
시작해야 함을 알고 있다.

그것을 할 수 있는 상황이나 여건 방법이 내게 주어져서 시작하는 것
이 아니라.
내가 시작할 수 있는 용기가 있다면
그리고 시작한다면 아주 작은 것에서부터 점점 가능한 것들로
그리고 상상하던 것들이 이루어질 수 있다는 것을 깨달았다.

지금 내가 할 수 있는 것들을 시작한다면
나는 언젠가 생각하고
고민하던 것들을 해낼 수 있을 것이다.

나는 청소년 아이들을 좋아한다.
능력 있는 좋은 씨앗들에게 희망이 주어진다면 훨씬 큰 시너지 효과가 있다는 것을 우리는 알고 있고
나는 그것들에 대해 생각하고 동참하고 싶다.

나는 어렵고 도움이 필요한 분들을 위해
우리가 무엇을 고민하고 같이해야 하는지 고민해야 한다고 생각한다.
때론 정말 힘들다고 생각하고 내가 할 수 있을지를 고민해야 하겠지만

그 생각으로 시작된 일들이 내 삶의 행복이 되어주고
내 삶을 내 가족을 든든하게 바쳐주는 버팀목이 되어주리라는 것을 믿고 있다.

나는 정말 행복하게 살고 싶다.
그래서, 내가 받은 사랑을 내가 줄 수 있는 사랑을 나눌 수 있었으면 좋겠다.
우리는 그럴 때 가장 행복해질 수 있을 것이다.

누구에게나 생을 마감하는 순간이 온다

누구에게나 생을 마감하는 순간이 온다.
사실 그렇다면 내가 가장 소중한 것은 무엇일까?
원하는 것을 살 수 있고, 먹고 싶은 것을 언제나 먹을 수 있는 돈일까?
아니 어쩌면 내게 가장 소중한 것은 내게 주어진 남은 시간이 아닐까?

나는 내게 남은 시간을 내가 가장 좋아하고 내가 가장 잘할 수 있고
내가 가장 행복할 수 있는 것을 하는 데 쓸 수 있으면 한다.

어느 신부님이 하신 말씀이 기억난다.
진정한 그리스도인은 삶을 봉헌하는 것이라고….

내게 남은 시간을 내가 원하는 일을 하며 도움을 꼭 필요로
하는 사람들과 같이하며 살고 싶다.
그런 의지만 있다면 그런 믿음만 있다면 우린 가능하리라 생각한다.

인간은 사랑하기 위해 살고 행복하기 위해 산다.
당신의 인생이 행복한 인생이길 바란다면 중요한 한 가지를 잊지
않고 살면 된다.

평생 죽을 때까지 어떻게 하면 행복하게 살 수 있을까? 를 생각하는 것이다.
분명한 건 그럼 매 순간 행복한 느낌을 그냥 지나치지 않고 좀 더 행복한 삶에 가까워지기 위해 노력한다는 것이다.

믿음이 나를 행복하게 만든다면…

우리는 믿음이라 하면 종교적인, 신을 믿는 믿음만을 생각할지도 모른다.
하지만, 믿음에는 내가 나를 생각하는 믿음, 부모와 자식 간의 믿음, 나와 주위의 사람들과의 믿음, 모든 것이 잘 되리라는 믿음, 많은 것들을 일컫는다.

사실 우리의 일상 삶은 그 믿음 안에서 살아가고 있다.
그런데, 그러한 믿음이 깨어진다면….
내가 나를 완전히 믿지 못하면 내가 하는 일에 확신이 서지 않는다면 가족을 완전히 믿지 못한다면 자신감이 떨어지고 불안함에 시달리게 되거나 우울증으로 하루하루를 보낼 수밖에 없을 것이다.

부모와 자식 간에 믿음이 없다면 "부모는 나에게 왜 그럴까?"
내 자식은 왜 그렇게 말을 안 들을까? 서로 의심하고 안 좋은 말들이 오갈 수 있을 것이다.

어쩌면 믿음은 자신과의 약속이란 생각도 있다.
자신을 믿지 못하는 사람은 자신에게 일어나는 모든 것들을 의심하고 믿지 못하는 경우가 있다.

자신의 선택에 믿음이 있다면 자기 삶에 믿음이 있다면 올바르지 않은 문제들이 나를 흔들어도 흔들리지 않고 잘 대처해낼 수 있을 것이다.

믿음을 갖고 삶을 살아가야 한다.
믿음을 갖고 가족을 대하고 믿음을 갖고 오늘 하루를 살 수 있다면 기대할 수 있는 내일이 올 수 있을 것이다.

내 안의 나를 보아주세요

우리는 내 안의 내가 정말 무슨 생각을 하고. 어떠한 것을 원하고 반응하는지 진지하게 생각해, 본적이 있는가 생각해 보아야 한다.

삶에서는 매일 문제가 생기고 해결해야 하고 하지 말아야 할 일에 대해 선택해야 하고 끊임없이 두려움과 문제에 끌려다녀야만 한다.

그러다 보면 내가 정말 내가 생각하고 원하는 곳으로 잘 가고 있는지 아니면, 무슨 생각을 하고 어디로 가고 있는지 자주 잊기 마련이다.

그냥 매일매일 선택하고 비교하고, 잘 살아가기 위해 노력하다가 순식간에 시간이 지나가 버리고 만다.

하지만, 정말 내가 원하는 감정으로 내가 원하는 인생을 살고 싶다면, 조금이라도 행복한 느낌으로 살아가기를 원한다면 내 안의 나를 들여다보는 시간을 자주 가져야 한다.

방법은 간단하다.
내가 무엇을 좋아하는지?
내가 어떨 때 감동하고 행복해하는지?

내가 어떨 걸 잘하고 하고 싶어 하는지?
반대로 내가 싫어하는 것은 무언지?
어떨 때 화를 내는지?
내 안의 상처는 무언지? 언제 무슨 일로 상처받았는지?
등등 나에 대해 진지하게 생각해 보는 거다.

그러다 보면 하나씩 하나씩 나에 대해 알게 되고 점점 내가 좋아하고 내가 하고 싶어 하는 쪽으로 나를 이끌고 의도치 않게 내 안에 싫어하거나 두려움이 밀려온다 해도 가능한 생각지 않으려고 상처받지 않으려고 긍정적인 나로 바꿀 수 있다.

그냥 도망가거나 생각을 끊어버리는 거와는 다르다.
물론, 이러한 일들이 단시간에 간단히 이루어지지는 않는다.
오랜 시간, 매일 짧게라도 생각하는 시간을 갖는 것이 좋다.
왜 이러한 것을 해야만 하는가? 어렵고 복잡한 이일을….

다시 말하면 매일 두려움과 고통 속에 이끌려 다니며 시간을 보내고 싶지 않다면 좀 더 행복하게 내가 원하는 인생을 살고 싶다면 나를 들여다보고 나를 알아가는 시간이 중요하다고 말하고 싶다.

나를 컨트롤 할 수 있는 능력이 생기면 더불어 좀 더 긍정적인 자신을 만들어 갈 수 있고 내 주위에도 좋은 사람들이 가득한 인생이 될 것이다.

그리고, 좀 더 인생의 깊은 부분을 생각하게 되고, 실수를, 나쁜 감정들을 피해 갈 수 있을 것이다.
오늘보다 좀 더 나은 나 자신을 위해 이글을 써본다.

5년간 다니던 직장을 그만두고…

생활비가 급해 처음 해보는 힘든 일을 하는 회사임을 알고도 다니기 시작했던 40대 회사. 철을 다루고 용접하고 모두가 힘들어하는 회사였다.

이제 5년을 채우던 어느 날 몸도 안 좋아지고 굳은 결심으로 직장을 그만두게 되었다. 직장을 그만두고 국민보험공단에 직장에서 지역으로 넘어가는 보험료 때문에 보험공단을 찾아가 문의하던 때였다.

주민등록번호로 조회를 하시더니 내게 "아무것도 없으시네요"
"네?"
"집도 없고, 땅도 없고, 차 한 대 있으시네요"
"네. 그 차 10년 넘었는데요."
"그럼, 걱정하실 게 없으시네요.ㅎㅎ"

나오는 길에 걱정이 줄어서 좋은 것 같은데, 왠지 밀려오는 허탈함은 뭐지? 좋아해야 하는 거 맞는지. 잘 살아오고 있는 거 맞는지 근데, 난 지금 부족함이 없고 행복한데….

와이프와 그 이야기를 하고 둘이 크게 웃었다.
빨리 무엇이라도 사던가. 무언가 갖고 있어야 하나? 하고….
근데 우린 지금 행복한데….

2019, 6, 9일 결혼 20주년을 기념하며…

2019. 6. 9일 우린 경남 남해 섬 어느 아름다운 해변 근처에 펜션을 예약하고 충분히 시간을 보내다가 돌아오는 길에 경남 진주에 있는 와인바를 들르게 되었다.
사실, 올해가 우리가 결혼한 지 20년이 되는 해로 무언가 기억에 남을만한 기념이 될만한 추억을 남기고 싶었다.
물론, 아내도 딸도 모르게….
우리는 28살 젊은 피로 서로 사랑한다는 것 이외에 돈도, 집도, 아무것도 없이 결혼하게 되었다.
그리고, 바로 독립해서 단칸방 월세로 시작해서 무언가하고 싶다는 열정만으로 유학, 공부, 일을 병행하며 여기까지 달려오게 된 것이다.

그 와인바는 경남 진주의 "사건의 현장"이라는 곳으로 좀 어둡고 재즈와 옛날 인테리어가 어울리는 사실 20대 우리가 공감하는 그런 분위기의 재즈바였다.

우린 와인 한 병과 그에 어울리는 치즈를 시켰고 점점 분위기에 취해 특소스 스파게티, 추천 메뉴들을 부탁드렸고 분위기에 흠뻑 젖을 수 있었다.
물론 주문한 케이크도 있었다.

와이프는 내게 많은 걸 준비했다고 감동했고, 자신은 아무것도 준비를 못 해 미안하다고 말했다.
사실, 그래야 내가 준비한 것들이 빛이 나니 나는 괜찮다고 했다.
사실 아무 문제가 없었고….

특히, 내 중학생 딸이 같이 그 자리에 참석한다는 것도 나를 떨리게 했던 것 같다.
아직 어려 이런 분위기가 무엇을 말하는지는 잘 모르고 그냥 열심히 맛있다고 먹어댔다.

아마도, 그 아이는 오랜 시간이 지난 어느 날 그 재즈바에서 있었던 시간, 음악, 냄새, 분위기 등을 기억하며 그리워하는 순간이 올 것이다.

그날 이후 며칠 동안 우린 그날의 이야기를 하고 행복해했다.
물론, 한동안 내게 해주던 와이프의 식사도 달라졌고….
난, 우리가 모두 행복해 할 수 있는 그런 일들이 가득했으면 하는 생각이다. 가능하면 매일,

매일매일 많은 일들이 일어난다

매일 매일 많은 일들이 일어난다.
누구는 교통사고로 죽고, 또 화재로, 불행으로, 우울증으로
살인으로 그리고, 매일 우울해하고

그러다 다음날에는 잊어버리고, 또 다른 이야기를 하고.
어쩌면 그런 것들이 익숙해졌는지도 모르겠다.
아니 그런 이야기를 듣고
내 걱정을 고민하느라 정신이 없는지도 모르겠다.

아이 교육비, 학원비를 계산하고, 이번 달 생활비, 다음 달
나가야 할 돈을 걱정하고 어쩌지도 못하는 걱정을
담고 산다. 꼭 그런 걱정을 언제까지 해야 하는지….
빨리빨리 무언가를 하지 않으면 불안해진다.

참 이해할 수가 없다. 좀 더 현명하다면 이 생각을
버리고 행복한 생각을 하고 감사하고 살 수도 있지 않은가?
외국에서 생을 얼마 안 남은 젊은 아가씨가 하던 이야기가
생각난다. 쓸데없는 걱정으로 시간을 낭비하지 말라고, 사랑하고
행복하게 살기에도 모자란 시간이라고….
내가 좀 더 현명하게 살 수 있는 연습이 필요한 하루다.

집이 여러 채 있어도 내가 살 집은 한 채인데…

한전의 일로 집집마다 계량기에 자동 칩을 달아주는 일을 할 때였다. 어느 지방의 산꼭대기에 있는 펜션에 칩을 설치하기 위해 올라가서 보니 경치가 너무 아름다운 산꼭대기에 펜션 8동을 지어놓고 손님을 기다리고 있었다.

그런 상태로 얼마나 시간이 펜션 곳곳이 무너지고, 수풀이 우거지고 결국 8동 중 제일 위에 위치한 펜션 한 동에서 삶을 이어가고 있던 주인아주머니가 힘겹게 "설치하고 가라고" 내게 말씀하셨지만, 그때 내 마음은 집이 8개 있다고 모두 내 집이 아니구나.
결국 내가 사는 곳은 1곳이고 나머지는 애물단지로 전락해 버린 일을 기억하게 되었다.

나는 집이 없는 서울살이로 20년 동안 10여 차례 이사해야 했던 힘든 기억이 있다.
2년에 한 번씩 전셋값을 올리는 집주인의 요구에 이사해야 했고 결국 이사를 하고도 이삿짐을 다 풀지 않고 사는 일도 있었다.
도시인들의 내 집에 대한 욕구는 어쩔 수 없는 부분이 있었다.
집에 가면 우린 좀 편안히 쉴 수 있고 가족이 함께 머물 수 있는 공간이라는 생각을 한다.
그러나 그게 여러 채일 필요는 없을지도 모른다.
그렇다고 행복이 더 커지지도 않고 그 행복을 집 수만큼 쪼갤 수도 없지 않은가?

다만, 언젠가 가능해지면 우리 가족이 함께 살면서 웃을 수 있는 똘똘한 집 한 채를 갖는 것이 내 희망일뿐이다.

바이러스보다 무서운 두려움 2020. 3. 6

오늘 현재 코로나바이러스 확진자 3,736명, 검사 진행자 33,360명. 격리 해제 30명, 사망자 18명.
우리나라에 불과 한 달여 간 코로나바이러스가 암처럼 퍼져가며 일어나고 있다.

확진자나 사망자 수가 많은 대구, 경북은 빈 도시처럼 사람들의 왕래도 없고, 상점들은 문을 닫고, 학교 학원은 연기, 오직 살아남기 위한 두려움만이 가득해졌다.

내가 사는 곳은 확진자는 없었지만 작은 시골 동네라 병원도 부실한 탓에 혹여나 바이러스가 번질까 노심초사 분위기만 보고 있는 상황이다.
최소한의 식량, 라면이나 인스턴트를 집안에 쟁여놓고 정말 필요한 일이 아니면 집 밖을 삼가하고 뉴스에 귀를 기울이며 다들 언제나 검은 비구름이 지나갈까 걱정이다.

그러나, 사실 바이러스보다 더 무서운 것은 사람들의 마음속에 자리 잡은 공포, 두려움이라고 생각한다.

그리고, 나만 아니면 된다는 단순한 생각들.
이미 암처럼 자리 잡고 조금씩, 조금씩 마음속을 갉아먹고 있었다.
마치, 하얀 창호지에 검은 먹물을 한 방울, "똑" 떨어뜨리면 검은 먹물은 하얀 종이 위를 빠르게 펴져간다.
하얀색은 순식간에 검게 바뀌고 사막의 더위에 땅이 갈라지는 듯한 모양을 내며 종이를 흡수한다.

그렇게 두려움은 점점 그리고 빠르게 동네를 휘젓고 다니며 몸이 좀 약하거나 마음이 불안한 사람들을 하나씩, 하나씩 쓰러뜨리고 있었다.
그리고 결국, 마스크 대란이 일어나고 마치 마스크가 바이러스를 막아주는 대안 법인 양 마스크가 없으면 죽는 것처럼 두려움을 막고 있다.

정부를 비판하고, 먼저 바이러스에 걸려 다른 사람에게 전이시킨 확진자를 한참 씹고 나야 제정신을 차리는 현실이다.

하지만 그 바이러스보다 무서운 두려움을 그 어떤 마스크도, 효과가 있다는 에이즈 처방제도 그 어떤 것도 아닐 것이다.

내 안에 검게 퍼져가는 암 덩어리를 막을 수 있는 것은 어쩌면 내 생각을 바꾸는 것부터 시작해야 하는 것이 아닌가 싶다.
두려움, 공포가 퍼지는 속도는 행복, 칭찬, 즐거움, 웃음이 퍼지는 속도보다 빠르다.
결국 되돌리는 데도 많은 시간이 걸리지만 생각은 바뀔 수 있다.
이 시간을 불안에 떨면서 더 많은 공포를 퍼뜨리지 말고 편안하게 이성적으로 시간을 보내야 한다.

그간 못했던 것들을 하나하나 꺼내어 해볼 수도 있고, 어차피 그전처럼 여행이나 외출을 자유롭게 할 수 없고, 만남, 행동도 많은 제약을 받고 있으므로 최소한의 삶을 살아갈 수 있어야 하는 것이다.

코로나로 인해 직장이 없어지고 경제적으로 힘든 분들의 이야기를 매일 접하곤 한다.
어쩌면 이 시간이 내 삶에서 가장 소중한 것들을 생각하게 하고 무엇을 해야 하는가 고민해야 하는 절실한 시간이라는 생각이 든다.

하지 못했던 일들을 순차를 정하고, 하나하나 해볼 수도 있을 것이다.
정말 차분하게 이성적으로 일을 진행하기에 힘든 시간이지만 생각대로 잘되지 않을 수도 있다.
누군가의 탓으로 돌려도 쉽게 상처가 아물지 않는다.
내 마음속에 넓게 퍼져버린 두려움은 쉽게 사라지지 않는다.

그러나 역사 속에 늘 그래왔듯 수많은 죽음과 공포와 바이러스와 지구 현상에도 인류는 대처하고 살아왔고 이 또한 지나갈 것이다.

우린 연습을 해야 한다.
그건 같이 살아가기 위한, 같이 살아남기 위한 연습이 될 것이다.

글로 쓴 게 다 이루어지고 있어

나는 내 생각에 이상주의자에 가까운 것 같다.
현실적인 생각에 맞추어 사는 분들도 많지만 나는 항상 꿈을 꾼다.
아니 그런 이상적인 생각들을 많이 하고 즐기는 편이다.

때론 누군가에게 조금 그런 이야기를 하면 터무니없는 이야기인 듯 흘려 버리거나 어떻게 할 건데…. 반문하곤 했기에 더 이상 그런 생각들은 혼자만의 생각들로 말하지 않게 되었다.

그래서인지 그런 혼자만의 생각들. 하고 싶은 일들. 바라는 일들을.
혼자 해내는 상상들을 글로 적기 시작했다.
스트레스도 좀 해소되는 것 같고 무엇보다 생각이 좀 정리되는 것 같아 좋았다.

그런데, 끄적끄적 적은 일들이 몇 년이 지나고 보니 내가 그 일들을 조금씩 진행하고 있는 것이다.
어떤 것은 이미 해낸 일들도 많이 있고 한 2년 전에 적은 걸 보면 나는 가능하면 능력이 있는 좋은 씨앗들 청소년들을 위해 장학금이라든지 어떤 도움을 주고 싶어했다..
그리고, 미혼모 여성을 포함 한부모 가정에도 도움을 주고 싶다라는 글을 적은 메모가 있다.
사실 전전긍긍 생활하는 나에게 터무니없는 바람이기도 했다.
하지만 내가 할 수 있는 것부터 조금씩, 한 명씩이라도 준비를 해나가면 언제인가 가능한 일인지도 모른다고 생각하고 있던 것이었다.

꿈을 현실로 바꾸기 위해 조금씩 잊지 않고 달리고 있었다.

나는 오늘도 꿈을 꾼다.
그리고, 그 꿈을 현실로 바꾸기 위해 글을 남긴다.

치매 노인분들과 같이…

49세 때 다시 내가 하고자 했던 길을 가기 위해 사회복지사 자격증을 따는 과정을 밟고 있었다.
1년 반 정도의 인터넷강의와 시험이 끝나고 시간이 남아있었는데 치매 요양시설에서 실습 체험을 하게 되었다.

처음 1주일은 치매에 걸리신 노인분들을 보는 것이 당황스러웠다.
멍하니 앉자 초점 없이 어딘가를 온종일 보고 계시는 어르신, 같은 곳을 빙빙 돌고 계시는 어르신, 하신 말씀을 또 하고 또 하고 어린아이처럼 떼를 쓰시는 어르신.

내가 여기서 무엇을 하고 있는 건지,
아니면 무엇을 해야 하는 건지 생각에 잠겨 혼란스러웠던 것 같았다.
그냥 온종일 지켜보고 있었다.
무슨 생각을 하시는 건지.
요양 보호사 선생님들은 어떻게 이런 노인분들을 같이 생활하시며 케어하시는 건지….

그 건물 안의 시간은 천천히 걸어 다니는 노인들처럼 천천히 흘러가는 느낌이었다.

처음에는 집에 가고 싶어 하시는 노인분들이 가지 못하는 모습에 안타깝다는 생각이 들었는데 시간이 흐르면서 조금씩, 조금씩 건물 안의 내적인 모습이 보이기 시작했다.

그 공간은 죽음을 앞둔 분들을 돌봐주는 공간이란 생각이 들었다.
치매로 여기가 어디인지도 모르시고, 어디론가 가야 한다는 의식이 있을 뿐 방향감이 없는 노인분들. 단지 짧은 기억만이 존재할 뿐 끊어진 기억의 필름이 매일 반복되어 돌아가고 있다.

예전에는 '요양원'하면 홀대받고 혼자 생활이 불편하신 분들이 가족에 의해 요양원에 들어가시게 되어 건물 안에 갇혀서 불편하게 생활하시다 돌아가신다는 이미지가 있었는데 내가 지켜보고 느낀 치매 요양원은.

혼자서는 식사도 소변도 대변도 해결할 수 없는 분들을 돌아가실 때까지 보호하고, 돌보아지는 공간이었다.

매일매일 같은 이야기를 반복하시는 노인분들의 옆에 앉자 그분들의 이야기를 듣곤 했다. 그게 내가 할 수 있는 일이었기에….

우리 모두 언젠가는 죽음의 직전에 거쳐야 할 길이기에 안타까움과 함께 나도 누군가가 내 죽음의 직전까지 지켜봐 줄까? 라는 생각해 본 시간이기도 했다.

가끔 노인분들께 "집에 같이 가요. 그리고 손을 잡고 시설 내부를 돌며 운동을 시켜 드리기도 하고 가다가 밥 먹고 가세요." 하고 식사도

드리고. 또 다리가 아프면 앉자 이야기도 하고…. 여러 가지 생각을 하게 한 시간이었다.

그런데 좀 신기했던 건 치매 노인분이 매일 반복하는 이야기나 행동하실 땐 그분이 살아오신 삶 속의 이야기가 다 들어 있다는 사실이었다. 평생 가족 챙기느라 밥 먹기가 힘들었던 분은 밥 먹고 돌아서면 밥을 달라고 하시고, 평생 이불을 팔아 가족을 먹여 살리던 분은 치매증세가 틈만 나면 다른 사람의 이불을 훔쳐 자신의 자리에 잘 접어놓는 것이다.

정해진 시간만 되면 소먹이러 가야 한다는 분 등 모두 스토리가 있다는 것이다.
그 사실을 알고 나니 너무 안타까운 생각이 들었다.
힘들게 사신 우리 부모님들의 고뇌인 것만 같았다.

그리고, 마지막 실습수업 날 말씀도 안 드렸는데 무슨 말씀이신지 평소 말씀을 들어드렸던 어르신이 내게 다가와 말씀하셨다.
"가서 잘하고 또 나중에 보자고. 내년 봄에 보자고. 그땐 우리 집에 한번 놀러 와~ 그리고, 절대 우릴 떨궈 놓으면 안 돼, 알았지~"
'넵, 절대 기억하며 살겠습니다.'
돌아가시기 전까지 건강하고 편안하셨으면 좋겠다고 생각해 본다.

자식들에게 경제 관념을 가르쳐라

지금의 부모님들은 자식들에게 공부를 잘하기를 바라고 어쨌거나 빈부의 격차가 심한 사회에서 자식들이 고생하지 않고 잘 살아가기를 바라신다.
그래서, 당신들이 고생해서 번 돈을 자식들의 교육비에 다 쓰시곤 하시는 것 같다.
그것이 당신들이 할 수 있는 전부이리라,

세계적으로 깊은 지식과 엄청난 부를 지닌 것으로 알려진 유태인들은 자식들이 어렸을 때부터 경제 관념을 가르친다고 한다.
돈을 벌고 쓰는 기본적인 경제적 관념부터 돈을 저축하는 습관, 그리고, 돈을 버는 것보다 더 중요한 돈을 어떻게 쓰는 것이 가치 있는 일인지를 가르친다고 한다.
우리와는 조금 다른 사고를 하고 있다고 생각했다.
구체적으로 말하면 어린아이 때부터 어느 정도의 돈을 주고 그 돈으로 사업을 벌이고 결과가 이익이 나던 마이너스이던 돈의 흐름을, 경제 관념을 가르친다고 한다.

그중에 아직 우리 문화에는 익숙지 않은 기부문화 이야기하면,
버는 수입의 10분의 1정도를 기부하도록 가르친다는 것이다.

팍팍한 살림 속에 그 정도의 돈을 기부한다는 것이 누구에게나 쉽지 않은 일이다.
돈을 자신이 원하는 것을 사는 데 쓰는 것은 가르치지 않아도 우리는 누구나 알고 있다.

하지만, 누군가를 위해서 기부한 돈이 얼마만큼 나에게 가치 있는 행복으로 돌아오는지, 내 삶에 얼마나 큰 위로가 되는지는 가르쳐주지 않으면, 내가 직접 해보지 않으면 모르는 일인 것이다.

삶이 좀 나아져서 여유가 생기면 하자는 생각을 할 수도 있다.
그런데, 기부는 큰돈으로 하는 것이 아니고 한 달에 만 원으로도 시작할 수 있다.
요즘 많은 기부단체가 TV를 통해 홍보하고 있지만 어떤 사람들을 위해, 어떤 단체에 어떤 방식으로 기부를 할 것인지는 내가 생각해서 결정해야 한다.

그리곤, 내가 낸 정성이, 나와 같은 생각을 하는 사람들의 정성이 어떻게 사람들의 삶에 도움을 주고 내 삶에, 내 마음이 어떻게 달라지고 있는지 조심스럽게 지켜보면 되는 것이다.
요즘 돈을 모으기만 하지 잘 쓰지 않는 딸에게도 돈을 잘 모으는 것도 중요하지만 그 돈을 잘 쓰는 것도 중요하다고 말해 주곤 한다.

큰돈을 모은 부자들의 경우 2가지 평가가 갈리는 것을 알 수 있다.
평생 모은 자산을 자신과 가족들을 위해 쓰다 죽어서 많은 사람의 입방아에 오르내리는 경우와 우리 사회의 힘든 분들을 위해 쓰거나 일

부분 미래적인 복지사업에 투자해서 많은 분께 존경받는 경우이다.

우리는 삶의 마지막을 위해 자녀들에게 어떤 것들을 물려주어야 하는가를 잘 결정해야 하는 것이다.
나는 오늘도 내가 필요로 하는 생활비 외에 추가 수입이 들어오면 즐거운 고민을 해본다.
이 돈을 어떻게 쓰는 것이 내가 사랑받는 것인지를 말이다.

흙수저이기에 절실한 꿈들

아주 오래전 일이지만 항상 생생하게 기억나는 부분으로 열정이라 말할 수 있지만 가슴 짠한 기억으로 남은 추억을 소개할까 한다.

와이프와 나는 흙수저로 유리공예 작가를 양성하는 일본 토야마 유리조형연구소를 들어가야 한다는 목표만으로 6개월 치 일본어 학원비와 3개월을 버틸 수 있는 식비, 월세금만을 갖고 일본을 갔던 적이 있다.

대학을 졸업하고 20대 후반에 서울에서 자그마한 회사에 다니고 있었지만 매달 쪼들리는 월급을 기다리며 희망도 없이 무작정 달려가기엔 우리의 인생이 너무 가치 없다고 느꼈고 무언가 가슴 뛰는 일을 찾아서 우리의 열정을 태우고 싶다는 마음이 간절한 때였다.
그만큼 절실했고 해내야 한다는 각오로 시작했던 것 같다.

지금 생각하면 무모하기도 하고 어이없기도 하지만 그땐 무슨 용기로 그랬는지 놀랍기만 한 일이었다.
아마도 젊음이, 모자람이 한몫했으리라 생각한다.
지금처럼 배낭 하나 메고 쉽게 갔다 오는 시절이 아닌 금수저의 조건이 아니면 유학은 꿈도 꿀 수 없을 때이니 말이다.
더욱이 일본어는 ㄱ,ㄴ도 알지 못해 일본어 공부부터 시작해야 했고 그 와중에 아르바이트를 구해서 생활비를 벌어야 하는 상황이었다.
우연인지, 행운인지,
와이프와 나는 잠을 안 자고 밤을 새워가며 일을 찾아서 하게 되었고 아침에 잠깐 자고 학교에 다니는 정말 밥 먹을 시간이 없어 굶기를 밥 먹듯 했던 시절이었다.

그래도, 1년이란 시간을 버티게 되었고 열심히 한 아르바이트 덕분에 간단한 일본어 실력과 어느 정도 목돈을 모을 수 있었다.
오랜만에 주말 집에서 와이프와 함께 밥을 먹는데 와이프가 내게 그러는 것이었다.

"자기야, 내가 자기 모르게 조금씩 1년간 모은 돈이 있는데 우리 그 돈으로 외식 한번 하자. 어때?"

워낙 돈이 없어 끼니를 컵라면이나 길거리 음식으로 때우고 마트에서 장을 봐도 세일 품이나 가장 저렴한 것을 사서 해 먹어왔던 터라 미안하기도 하고 기특하기도 해서 그러자고 했다.

금액은 만엔, 우리 돈으로 10만 원 정도 되는 금액이었고, 우린 오후 4시쯤 자전거를 타고 시내를 누비기 시작했다.
지금도 기억하는데 그때의 심정은 맛있는 일본의 음식을 먹고 싶다는 기대가 반, 그리고 한 번도 식당 같은 곳에서도 음식을 사 먹어 본 적이 없어서 걱정이 반, 배고픈 배를 채우기 위해 시내를 돌면서 여기저기 우리가 원하는 곳을 찾아 기웃거렸다.

그러길 3시간 더 이상 힘들고 배가 고파 돌아다니는 것을 포기하고 집으로 다시 돌아오는 길이었다.
그런데, 너무 자존심이 상한 것이었다.
돈이 10만 원이나 있는데 아무리 일본 유학 중이지만 밥 한 끼를 못 사 먹고 돌아온다는 게 내 자존심이 허락하지 않았다.
돌이켜 생각해 보면 비싼 돈을 주고 밥을 사 먹는 게 너무 아까운 마음에 결국 집으로 돌아와야 했던 것 같다.
어떻게 보면 그러했기에 5년이란 시간을 버티고 원하는 유학 생활을 마치고 돌아올 수 있었지 않나 생각해 본다.

대부분 같이 있던 주위의 한국인들은 1년 정도 버티다가 돈이 떨어지거나 어떻게 되겠지 하는 마음에 일본에 왔다가 시간만 허비하고 돌아가는 것을 많이 보았기 때문이다.

결국. 집 앞에 있는 일본식 중국집에서 자장면 비슷한 짜자멘을 시켜 먹고 서로를 달래며 집으로 돌아왔던 기억이 있다.
지금 나이가 들어도 큰돈은 안 되지만 열심히 작업을 하고 있고 그때의 힘들었던 기억을 소중히 생각하고 있다.

우리가 모두 바라고 희망하는 게 다르지 않을 거로 생각한다.
다만 그 선택의 길에서 용기를 내고 하느냐? 더 쉬운 길을 선택하거나 포기하느냐? 일 거로 생각한다.

우리가 기억해야 하는 건 사랑도, 행복도 쉽게 얻을 수 없지만 힘들고 절실한 만큼 가치 있고 소중하다는 일일 것이다.

49세에 '요가'를 시작하다

39살 때에 40이 된다는 두려움과 설렘을 기억한다.
벌써, 40이 된다는 게 믿기지 않았고 사실, 어제와 오늘이 다르지 않았고 작년과 올해의 내 인생이 크게 다르지 않았던 것처럼 40이 되어도 내 인생이 뒤집히지 않는다는 것쯤은 알고 있었다.

하지만, 왠지 40이 되기 전에 무엇을 준비해야 하는지, 30대와 40대는 무언가 다르게 살아야 하지 않겠나? 하고 삶의 마음가짐이 필요했던 것 같다.
그래서, 읽었던 책들이 "40대 다시 한번 공부에 미쳐라", 혜민 스님의 "멈추면 비로소 보이는 것들", "서른 살에 미처 몰랐던 것들" 등이었다.

그리고, 올해 49살 50을 앞두고 있다.
정말 10년이 빠르게 지나갔고 많은 일들이 있었다. 많은 도전을 하기도 했다.
39살 때의 느낌과는 아주 다르지만 50의 문 앞에 나는 서 있는 것이다.
이번에는 무슨 책을 읽어야 하나?
또, 무엇을 준비해야 하는 거지?

설상가상, 30대, 40대와는 다르게 두통도 좀 있고 몸 관절 여기저기가 삐걱삐걱한다.
살아가는 삶의 지혜를 얻은 대가로 여기저기 상처가 있는 것이다.
몸에 필요한 것 같은 비타민제, 오메가3, 약초도 좀 주문하고 고민하는데 와이프가 어느 날 내게 말했다.
"가까운 곳에 도시에서 이사 온 요가 하시는 선생님이 계시는데 잘하신대. 내 말 믿고 한 달만 일단 시작해봐~"
아니 50대를 정말 잘 시작해야 하는데.

50년을 힘들게 달려와 준 내 몸을 좀 다독이며 아직도 좀 더 달려주었으면 좋겠고 노후생활은 준비도 못 했으니 공부도 좀 더하고 자격증 하나쯤 더 따서 할 수 있을 때까지 일했으면 좋겠고 지금 하는 것들도 잘 다듬어서 계속해 나가야 하는데,

"요가? 일단 요가를 시작해 보라고?" 와이프가 내게 권했던 건 요가였다.
'몸도 많이 아프다메. 좋은 사람들도 만날 수 있으면 좋을 것 같구'

정말 웃긴 건.
일주일 뒤 나는 요가학원을 한 달 끊었다는 것이다.
그 많던 생각들, 해야 할 것들을 일단 다 내려놓고.
월, 수, 금 아침 9~10시 1시간 50대를 위해 아침을 요가로 시작하는 것이다.

고민은 요가에 몸에 짝 달라붙는 듯한 옷을 입을 수는 없고,

한참 고민하다 편한 긴팔 면티에 일자 면바지를 입고 나갔다.
막상 참석해 보니 남자는 나 혼자. 다들 몸에 달라붙는 옷을 입고 오신 여성들뿐이라 시선을 둘 곳을 찾아 고민하는데 선생님께서 맨 앞자리를 추천해 주셔서 자동으로 내 지정석은 맨 앞자리가 되었고 시간이 지나면서 옆 뒤에 계신 분과 인사를 할 수 있는 사이가 되었다.

아- 그런데, 일단 시작하니 기분이 좋은 건 뭔가?
생각, 고민이 일단 없어져서 좋고, 무언가 새로운 걸 시작하는 것도 좋고, 내일 아침 요가를 위해 오늘 저녁 요가 할 때 편한 옷들을 준비한다.
선생님의 말씀은 그날그날 내 몸과 마음을 편안하게 이끌어 주셨다.

그래, 50대에도 잘 할 수 있을 거야, 잘 될 거야~
나 아직 뜨거운 심장이 뛰는데, 여러 가지 행복해지는 방법도 좀 알고 있는데-.
그냥, 일단 요가를 하면서 몸도 마음도 추슬러 보는 거야.
그렇게 시작한 요가는 4개월간 지속되었고 사회복지사 자격증을 따고 50대 새로운 직장에 들어가기 전 마음의 든든한 지원군이 되어 주었다.
도전하시라. 내 새로운, 아름다운 인생을 위하여.

우리는 왜 사기꾼의 유혹을 뿌리치지 못할까?

지금은 보이스피싱의 유혹이 끊이지 않지만 1990년대 피라미드 사기는 큰 논란이었다.
피라미드 사기란 전기장판이나 화장품 등을 높은 가격으로 책정하고 주위의 지인들을 소개로 끌어들여 세뇌를 시킨 뒤 상품을 판매할 때마다 레벨대로 수익을 나눈다는 사기다.

레벨이 높은 다이아몬드층은 피라미드 그림의 맨 위로, 위로 올라갈수록 많은 돈을 받을 수 있다.
사실 그때 한번 지인의 속임수에 일주일간 세뇌 교육받아보긴 했지만, 처음부터 나는 큰돈을 벌자는 욕심이 없었다.
그래서인지 그들의 계속되는 교육이나 마케팅, 속임수, 꼬임도 나에게는 말도 안 되는 말로밖에 안 들렸다.

기본적으로 10만 원대 책정되어있는 물건을 소비자가 2배 비싼 가격에 살 이유도 없고 그걸 왜 그렇게 나누는지도 이해가 안 갔지만 다들 눈이 벌게서 곧 빌딩을 살 수 있다는 생각들로 들떠 있었다.
세월이 지난 뒤 지인을 다시 만났는데 결국 자기 돈마저 베팅해야 했고 빚만 남고 주위의 지인들한테도 신임을 잃고 끝났다는 이야기를 들었다.

이 피라미드 사기 몇 년 뒤 부동산 사기가 또 많은 사람을 힘들게 한 적이 있는데 마침 군대를 제대한 나는 도대체 세상 돌아가는 걸 전혀 모르겠고 세상이 두렵다는 생각에 서울에서 어렵게 찾아 들어간 곳이 사기 부동산 업체였다.

종로로 출근했는데 낡은 건물 3층이라 계단을 올라가서 문을 열고 들어갔는데 사무실에는 몇 개의 테이블이 있었고 그 테이블 위에 전화기들이 놓여 있었다.

순간 아 무언가 이상한 기운이 들었지만, 이것도 경험이라…. 한번 해보기로 했다.
그들은 신입생들에게 대본이 적힌 종이 한 장씩을 주고 전화번호를 주었다.
무조건 거기에 전화를 걸고 종이에 적힌 대로 말을 하면 된다고 했다.

전화번호에 적힌 사람들은 땅이든 매물이든 자신의 물건을 빨리 팔았으면 하는 사람들이고 그들에게 전화해 광고를 부추기고 광고비를 챙기는 영업이었다.

매일 전화를 걸고 말을 하는 사이 종이 대본은 필요 없게 되었고 땅이든 뭐가 되었든 그들은 테이블 위에서 말로 모든 것들을 만들어 냈다.
그들의 말은 곧 자신의 욕심을 채우기를 원하는 사람들의 돈주머니를 열게 했지만, 문제가 되는 것은 사실 사연이 있는 현실적으로 절실한 사람들도 피해 갈 수 없다는 것이다.
전화를 거는 대부분 젊은이도 쉽게 목돈을 벌 수 있었으니 말이 말을 만들고 사기가 사기를 부르고 큰 피해를 볼 수밖에 없는 구조였다.
지금도 우리 주위에는 보이스피싱이나 문자를 위장한 사기가 극성이긴 하지만 일반적으로 사기는 불안한 사람들의 심리와 욕심을 북돋아 그들이 가진 것을 빼앗는 것이다.

사실 전에는 무언가 일확천금을 꿈꾸는 사람들, 가진 것을 이용해 많은 것을 얻고자 했던 사람들이 대상이 되곤 했지만 사기의 형태도 진화해 사람들이 가진 불안감, 궁금증을 이용해 돈을 빼앗기도 한다.

해외에서 오는 사기꾼들의 전화를 받은 것도 한두 번이 아니다.
어떤 속임수에도 흔들리지 않고 이성적으로 생각할 수 있는 게 중요하다.
어떤 속임수나 사기꾼의 말도 욕심 없이 흔들리지 않을 수 있으면 걸리지 않을 수 있다.

사실 난 빼앗길 돈이 없다.
통장에 잔고가 찰랑찰랑한다.
이것도 비결이지만 돈이 없다고 욕심이 없는 것은 아니다.
잘해 나갈 수 있다는 자신감이. 가족들을 믿고 사랑하는 마음이 굳게 자리 잡고 있으면 불안감도 인간의 욕심을 흔드는 꼬임도 피해 갈 수 있다고 생각한다.
부디 어리석은 욕심으로 인생의 한 부분을 스스로 갉아먹는 일이 없기를 바란다.
그 이루어 질수 없는 욕심은 우리의 삶을 지옥으로 끌어내릴 것이다.

타인의 문제로 고민하지 말자

타인의 문제를 걱정하다 내 안에 갖고 들어오면 그 문제가 내 문제가 되기 때문이다.
한국 사람의 오지랖은 자타공인 세계적이다.
주위의 힘든 이들의 사연을 들으면 도와주고 싶은 것은 물론 지하철을 타고 가다가도 옆의 앉은 사람의 힘든 사연도 들어주고 도와주고 싶은 것이 한국인의 장점이자 오지랖이다.

주위 사람들과 생활하다가도 누군가의 의견이 나랑 같지 않아 불편함을 느낄 때도 저 사람은 왜 그렇지?, 잘못된 거 아냐? 라는 생각이 꼬리에 꼬리를 물고 늘어선다.

항상 무언가를 먹을 때도 무언가 의견을 나눌 때도 그래서 사람이 홀수가 되어야 한다는 이야기도 틀린 말이 아닐 정도로 자기주장들이 강하다.
그런데, 결국 가족들이나, 지인, 타인의 이야기도 자신의 문제처럼 집으로 가져와 해결하려고 하는 것이 결국 항상 자신을 힘들게 하는 원인이 되기도 한다는 것이다.

때론 해결은커녕 말이 말을 낳아 문제만 커질 수도 있고 타인의 그냥 하는 이야기들이 결국 내 심각한 고민이 되고 마는 경우를 쉽게 주위에서 보곤 한다.
특히 주위에서 누구 아빠가 바람을 피웠다느니. 누가 장사해서 큰돈을 벌었는데 문제가 있는 것 같다더라 등….

이 정도면 타인의 문제가 나의 즐거움이지 않은가?
반대로 외국의 경우는 냉정하게 남의 경우는 개입하지 않는 것을 철저하게 개인주의 국가답게 지키는 것을 볼 수 있다.
그것도 너무 세상을 같이 살아가야 하는 사람들끼리 너무하는 것 같고 동네방네 사연을 내 사연처럼 떠들고 고민하는 우리나라 경우도 좀 오버인 것 같고, 참 힘들다고 생각해 본 적이 있다.

세상 돌아가는 인간사에 관심을 두는 것은 좋지만 자신이 관여된 일이나 자신이 해결할 수 있거나 자신이 도와줄 수 있는 범위에 한해서 관여하는 것이 좋지 않을까 한다.
가령. 타인과의 문제로 힘들어 하는 경우에도 사실 그 사람이 옳지 않다고 생각하고 미워해도 내가 그 사람의 문제가 되는 것을 바꿀 수 있는 것은 아니다.
그 사람의 문제는 그 사람이 풀어야 하는 것이고 나는 내 문제를 풀어야 하는 것이다.

어떻게 해야 한다는 정답지가 있는 것이 아니기에 우린 조심하고 소통하고 이해해가며 같이 살아가야 한다.
그 상황을 객관적인 시각으로 보고 생각할 수 있다면 시간의 흐름과 같이 흘러갈 수 있을 것이다.
제발 타인의 문제로 고민하지 말자.

내 것은 무엇인가?

여러분이 자신의 것으로 생각하는 것들은 무엇입니까?
자신의 명의로 된 집이나, 차, 내 통장의 돈, 아니면 가족들 또 무엇이 있는지요?
정녕 내 것은 무엇인지 생각해 본 적은 있으신지요?

왜냐하면 자신의 것이라는 생각에, 자신의 것이 될 거라는 욕심에 많은 사람이 목적을 정하고 시간을 들이고 노력하며 인생을 살아가기 때문이다.

그럼, 자신의 명의로 된 집이나 차는 여러분의 것이 맞나요?
내 이름으로 된 통장 안의 돈인데 내 것이 맞겠지요?
내 사랑하는 가족이고 가족 때문에 살아가는데 내 것으로 생각할 수 있는 거 아닌가요?

헌법전 처럼 어디엔가 구체적으로 표현되어 있으면 좋겠지만 개인마다 생각이 다를 수 있다고 생각한다.

저는 개인적으로 이렇게 생각해 볼 수도 있다고 생각합니다.
우리가 내 것으로 생각하고 있던 집. 자동차. 돈, 소중한 물건들….

그런데 때론 우리가 생각지 못한 일들이 벌어지면 가령 사고나 화재, 자연재해, 죽음 등 우리는 그것들이 내 것으로 생각했던 많은 것들을 한순간 무너뜨리고, 없어지는 것을 자주 보았다.

심지어 사랑하는 부모, 가족들이 갑자기 아파서 병원에 입원해서 큰 수술이라도 받아야 한다면 우리가 내 것으로 생각했던 것들이 해변의 모래가 손에서 흘러내리듯이 손에서 빠져나가는 것을 지켜보아야 하는 상황을 맞이해야 할 수도 있다.

주위에 지인 한 분이 노후에 시골에서 살려고 열심히 학원을 운영해서 모은 돈, 정말 아끼고 아낀 돈 6,000만 원을 보이스피싱에게 당한 이야기를 들은 적도 있다.

과연 내 것이 맞긴 한지…. 더욱 마음에 더욱 커다란 상처가 남는 건 아닌지….
그래서, 우리가 집착하며 사는 모든 것들을 내 것이 아닌 빌려 쓰는 것이 아닌가 하고 생각해 본 적이 있다.
살아가는 동안에….
그리고, 가족들은 당연히 같은 공간에 같이 마음을 나누고 사는 소중한 사람들처럼, 그렇게 생각하고 받아들이자 감사하는 마음이 생겼다. 뜻하지 않게 놀라운 감정이 생겼다.

내 것으로 만들기 위해 아등바등 힘들게 살려는 생각도, 책임감도 부담도 줄어들고 그러한 공간, 그러한 물건, 이해하는 가족들이 있어 감사하다는 생각을 할 수 있어 좋았던 것 같다.

그래도, 어쩔 수 없이 매일매일 쌓이는 욕심을 내려놓아야 하는 시간이 필요하다는 사실이다.

그럼, 정말 온전히 내 것은 무엇일까?
내 마음대로 선택할 수 있는 것은 무엇이 있을까?

사실, 요즘 내가 무엇보다 소중히 생각하는 것이 있었다.
그건 내 '시간' 내게 온전히 주어지는 '시간'.
그것은 온전히 내 것이 아닌가 생각한다.

언제까지인지 내가 정할 수 있는 것은 아니지만
내게 주어진 '시간' 그것은 내 마음대로 내가 쓸 수 있는 것이 아닐까?
단1초도 누가 어떻게 할 수 없는….
내가 선택하고 쓸 수 있는 '내 것'이라 생각이 들었다.

그래서 더욱 그 '시간'을 잘 쓰기 위해 생각하고 노력하려는 마음이 생겼다.
어쩌면 그것이 내 것으로 생각했던 것들을 가지기 위해 노력했던 시간보다 더욱더 인생을 가치 있게 만들어 줄 거로 생각한다.
다시 한번 생각해 보자. 내 것은 무엇인가?

내가 어떤 사람인지 단 한 사람에게 말해야 한다면 바로 '나 자신'이다

명성은 내 이름을 알리는 행동이다.
내가 어떤 사람인지 단 한 사람에게 말해야 한다면 바로 '나 자신'이다.

유명한 배우 조셉은 이렇게 말했다고 한다.
우리는 나에 대해서 내가 가장 잘 안다고 생각해 왔다.
지금까지 내 생각대로 내가 판단해서 살아왔기 때문이다.

어제 유재석 씨가 나온 TV 프로그램에서 항상 1등을 하거나 과에서 톱을 달리던 자신감 넘치는 여학생이 나와 이렇게 말하였다.
2년 뒤면 졸업인데 주위에서 나 자신이 가장 좋아하고 잘하는 걸 하라고 말들 한다고.
그런데, 그게 무언지 잘 모르겠다고….
본인만이 선택할 수 있고 알고 있기에 누구도 도와줄 수 없어 안타까운 일이기도 하다.

내가 가장 관심이 있어 하는 것은 무엇일까?
누구나 남보다 잘하는 것이 하나씩 있다고 하는데, 나는 그게 뭘까?
그래서 많은 경험을 해보고 싶다고 말했었다.

그래야, 그걸 찾을 수 있지 않을까 ?라고 생각한다고….

어느 정도의 내공을 가지신 분들이 입을 모아 말씀하시는 게 있다.
가만히 멈추고 나를 들여다보는 시간을 갖는 게 좋다고….

어쩌면 우리는 자신에 대해 생각하는 시간이 너무 적었는지도 모른다.
반대로, 내가 무얼 가장 싫어하는지….
내가 무엇을 잘 못 하는지…. 그런 모든 것들은 사실 단시간 내에 알아챌 수 있는 것은 아니라고 생각한다.

오랜 시간 삶을 살아가면서 알 수 있는 것들이고. 또 변해 가는 것이기 때문이다.
하지만 배우 조셉이 말하고 싶었던 것은 늘 나에 대해서 생각하고 알아가는 것이 나 자신이 원하는 성공을 위하는 삶에 가까워 질수 있다고 말하고 있다.

내가 잘하고 좋아하는 것을 알아챌 수 있다면 당연히 그쪽으로 공부하고 노력하고 더 잘할 수 있도록, 인정받고 사랑받을 수 있도록 선택을 할 것이고 내가 싫어하고 잘 못 하는 것을 알아챌 수 있다면 가능한 보완 하거나 마주치지 않는 방법을 생각하고 그것으로 인해 우울 해하거나 누군가에게 말들을 일도 없어질 것이기 때문이다.

너무나 공감하는 내용이다.
명성은 내 이름을 알리는 행동이다.
내가 어떤 사람인지 단 한 사람에게 말해야 한다면 바로 '나 자신'인 것이다.

나는 많은 색깔을 갖고 산다

우리는 카멜레온처럼 자신의 색깔을 바꾸며 인생을 살아간다.
무엇을 위해 그러는 걸까? 사랑하기 위함이며 사랑받기 위함이 아닐까? 한다.

나는 작업을 하는 작가이기에 무언가를 생각하고 집중하고 만드는 일을 좋아하는 색깔을 갖고 있다.

그리고 작품들이 완성되었을 때 전시하거나 판매하기 위해 기획하고 홍보하고 말하는 다른 내 색깔을 또 하나 갖고 있다.
그것만으로는 생활이 안정되지 않기에 평상시에는 보통 출근하고 퇴근하는 직장에서의 색깔 하나를 갖고 있다.
또 주말에는 성당에서 중고등부, 선생님으로 미사를 준비하고 아이들을 대하고 관계하신 분들과 대화하는 전혀 다른 색깔의 나를 갖고 있다.
마지막 집에 돌아오면 남편으로, 아이의 아빠로 편한 나 자신으로 돌아오는 내가 하나 또 있다.

생각해 보면 그 상황, 공간, 사람에 맞추어 바뀔 수 있는 여러 가지 색깔이 나에게 있음을 알 수 있다.

놀라운 건 그때, 그때 말할 때 쓰는 단어도 다르고, 언어뿐만 아니라, 사회적 격식. 그 공간에 있는 사람들만의 생각으로 바뀔 수 있다는 것이다.

그리고, 그 색깔이 시간이 가며 변하기도 하고 더 늘어가거나 줄어들기도 한다.
즉, 나이가 들어가며 색이 바래기도 하고 다른 색깔로 바뀌기도 하는 것이다.

우리는 모두 그렇게 자신도 잘 모르는 색깔을 갖고 살아가고 있다.
가끔 TV에서 자기 모습을 보호하기 위해 몸 색깔을 바꾸는 카멜레온이나 문어를 보고 놀라워 한 적이 있다.

그런데, 우리가 그렇게 살아가기 위해 많은 색깔을 갖고 있고 시시때때로 변할 수 있다는 건 놀라운 일이다.
아마도 더 높은 지위나 책임을 진 사람은 더 많은 색깔과 그에 맞는 이미지를 가졌는지도 모르겠다.
그런데, 왜? 그래야 하는 걸까?
무엇을 위해?
나는 이렇게 생각한다.
우리는 사랑하기 위해, 사랑받기 위해 그렇게 살아간다고.

내가 아버지 생각하며 슬픈 것은

내가 아버지 생각하며 슬픈 것은 아버지가 돌아가시면 나는 주저앉자 자신을 한탄하며 울 것을 알고 있기 때문이다.
그것을 알고 있어도 지금 내가 해드릴 수 있는 게 아무것도 없다는 것이 더욱 나를 슬프게 한다.

그냥 전화 몇 통 그리고, 얼굴을 뵈었을 때 걱정스러운 잔소리랑 하시는 말씀을 듣는 게 전부다.
내 쌈짓돈 몇십만 원도 그 어떤 말로도 아무것도 바꿀 수 없다

사랑하지만, 답답하지만 당신의 인생을 받아들이려고 하고 아버지의 생각을 이해하는 게 살아생전 내가 할 수 있는 일인지도 모르겠다.
그냥 건강하게 좀 더 내 곁에 오래 계시길 바랄 뿐.

어쩌면 아버지도 같은 생각을 하고 계실지도 모르겠다.
사실 아버지와 나는 20대 중반까지도 서로 대화가 없었다.
어느 집 남자들이 그러하듯 대화가 없었고, 그래서인지 오히려 불만이 더 많았었다.
어려서부터 아버지의 말씀, 생각을 이해할 수 없었고 누구에게도 나의 궁금함을 물어볼 사람이 없었다.

그러다 20대 후반 5년간의 유학으로 부모님 곁을 떠났다가 돌아와서 조금씩, 조금씩 대화하기 시작했고 보통 일상적인 대화를 하기까지 오랜 시간이 걸렸다.
정신을 차려 보니 시간이 얼마 남지 않은 것이다.
서로에게, 아마도 가끔 아버지를 보기 위해 가는 날이면 나는 아침 생각한다.
(오늘은 무슨 말을 해 드릴까? 쓸데없는 잔소리 하지 말고 가능한 들어드릴 수 있으면 좋겠다)라고

삶은 고행(苦行)이다

어느 날 주위의 지인들에게 삶을 한 단어로 말한다면 무엇이라고 생각하는가? 에 대해 질문한 적이 있다.
다들 다르게 말했다.

어떤 사람은 삶은 행복이라고 말한 사람이 있는가 하면, 어떤 이는 먹는 음식으로 비교를 한 사람도 있었다.
그러나 누가 내게 똑같은 질문을 한다면 내 인생에 대해 이렇게 말하고 싶다.
'삶은 고행(苦行)이다'. 라고

인도에 가면 힌두교, 불교, 시크교 및 기타 종교에서 일컫는 스승으로 자아를 터득한 교육자를 "구루"라 불린다.
어느 정도의 나이가 되면 몸을 가린 천하나를 두르고 맨몸으로 집을 떠나는 것이다.
자신을 찾아 어디든 돌아다니며 몸을 뉘 울 수 있는 곳에서 잠을 청하고 밥을 얻어먹을 수 있는 곳에서 끼니를 해결하며 수행하는 수행자이다.
천주교의 신부님, 수도자, 수녀님, 불교의 스님 같은 의미이지 않겠는가?

그러나 삶은 그들만의 수행이 아닌 인간으로 태어난 자 모두에게 해당하는 고행(苦行)이지 싶다.
삶을 살아가는 동안 유아기. 청소년기, 장년기, 노년기 어느 하나 쉬운 구간이 없음이다.
그냥 자신의 몸뚱이만을 유지하기 위해 삶이 힘든 것이 아니라 끊임없이 우리는 질문을 갖게 된다.

나는 어떻게 태어났는가? 로 시작해 나는 누구인가? 나는 무엇을 해야 하나? 라는 자아의 시기를 거쳐 사랑받는 법. 고통을 이겨내는 법 등 많은 질문에서 답을 찾는 동안 많은 시간을 보내게 된다.

내 삶의 마지막 1초가 끝나는 순간까지 삶의 답을 듣고 싶어 한다.
그래서, 삶은 고행(苦行)이다. 라는 말이 있지 싶다.
우리 모두 자신을 찾아 떠도는 수행자이다.
포기하지 않고 주저앉지 않고 다시 일어나 걸어가야 하는 삶인 것이다.

사랑에 대하여…

혼자만의 일방적인 사랑은 큰 상처를 남길 수도 있다.
나의 유년기, 청소년기 삶이 우울했기에 끊임없이 그 상처를 메꾸기 위해 공부보다 사랑을 관심을 원했었다.

그러다, 고2 즈음 소개팅을 했고 어두운 카페에 마주 앉아 있는 여성은 긴 머리를 뒤로 묶고 큰 눈에 짙은 눈썹, 작은 입술을 하고 있었다.
내 이상형에 가까웠다.
외적인 것도 있지만 분위기가, 따뜻한 말이, 내 상처에 따뜻한 바람을 불어넣어 주고 내 가슴에 희망을 넣어 줄 수 있을 것 같았다.

나는 누구보다도 감성적이고 예민한 성격을 갖고 있었다.
우린 서로에게 이끌렸고 순수한 만남을 가졌다.

시간이 흘러 알게 되었는데 그녀 역시 나와 같은 환경에서 자라고 큰 상처를 갖고 있었다.
아마도 무의식 속에 서로에게 필요한 사람이라는 것을 느낌으로 알았던 게 아닌가 싶다.
기억 속에 그녀는 남성도, 여성도 아닌 중성적인 성격으로 나와 달리 합리적인 결단력을 갖고 있었다.
그러던 고2 말 어느 날 그녀가 내게 말했다.

내가 해야 할 일이 있는데 우리 관계가 지속되면 그 일이 잘 안될 것 같으니 헤어지는 게 좋을 것 같다고….
그녀는 그림 그리는 걸 좋아했고 그녀의 말은 미대에 가기 위해 열심히 하고 싶다는 말처럼 들렸다.
사실, 나는 그때 내가 아무것도 도움이 되지 않는다는 걸 알 수 있었고 그녀를 놓아 주어야 한다는 생각이 머릿속을 가득 채웠다.

너무 사랑했지만, 그녀가 내 곁에 있기를 간절했지만, 그녀가 원하는 걸 위해 놓아 주어야 했다.
그녀를 위해서…. 그렇게 그녀는 떠났다.

그 뒤로 나는 정신없는 나날을 몇 주간 보내다 어느 날 그녀를 다시 보기 위해서는 이렇게 해서는 안 되겠다고 생각했고 무언가 나 자신을 바꾸기 위해 노력했었다.
팽개쳤던 공부를 다시 시작했고 재수, 삼수를 거쳐 대학을 진학하고 대학에 가서도 학생들과 같이 모여 이야기하거나 술을 마시는 시간을 갖지 못했다.

내겐 그런 시간은 사치였다.
일과 공부를 같이 해야 했기 때문이라는 이유도 있지만 빨리 번듯한 사회인이 되기 위해 노력했던 것 같다.
막연히….

그러는 사이에 적잖은 시간이 흘렀고 또 다른 인연과 만나기도 했다.
하지만, 항상 그녀가 머리를 떠나지 않고 물을 마셔도 마셔도 목이 마름에 나는 갈증을 느꼈다.

군대를 제대하고 사회에 첫발을 내딛고 나름 어른으로서 모습을 갖추었다고 생각했을 때 나는 굳은 결심을 했다.
사랑하는 연인과의 이별 뒤에는 다시 만나서는 안 된다는 룰을 깨고 그녀를 찾아 나서기로 다짐한 것이다.

그러지 않으면 안 될 것 같았다.
그래야만 내가 살 것 같았다.
근데 어디서부터 어떻게 시작해야 하는지….

우선 마지막 그녀와의 기억 속에 있는 그녀의 집에서 출발하기로 했다.
그녀의 집 관할 동사무소를 찾아가 어디로 이사를 했는지를 알고 싶었다.
그 선을 따라가면 그녀를 만날 수 있으리라 생각했다.

그런데. 그즈음 개인 보호 문제로 아무에게나 집 주소도 연락처도 알려줄 수 없는 상황이라 많은 어려움을 겪었다.
그래도, 사람이 하는 일이라 자초지종을 설명하고 도움을 받고, 생떼를 부리기도 하고 그 덕에 조금씩. 조금씩 다가갈 수 있었다.

많은 시간이 걸렸던 것 같다.
주소를 찾았다 해도 나도 그녀도 준비가 안 되었다면 그 만남은 분명 실패로 돌아갈 것이라는 두려움에 생각하고 준비하는 시간도 꽤 걸렸던 것 같다.
1년이 지난 어느 날 어느 동사무소 직원분이 내게 제안하셨다.
"지금 이 전화번호로 전화를 해서 내가 당신의 이름을 대고 혹시 이 이름을 아시냐고 물어봐서 그녀가 안다고 통화하겠다고 하면 바꿔주고 모르겠다고 하면 이대로 돌아가야 한다고"

마지막 갈림길이었고 내겐 선택이 여지가 없었다.
“그렇게 하겠습니다.”
그리고, 그렇게 우린 다시 천천히 친구 사이로 시작을 할 수 있었고 우린 성인으로써 만날 수 있었다.

그렇게 몇 년 뒤에 난 프러포즈했고 그녀는 밝은 얼굴로 승낙했다.
우린, 결혼하게 됐고 매일매일 같이 있을 수 있게 되었다.
물론, 그렇다고 매일매일 행복한 일만 일어나는 것은 아니다.
다시 안 볼 것처럼 아무것도 아닌 일로 다투기도 하지만 우린 가끔 그 일을 떠올리고 다시 살아가는 힘을 얻곤 한다.

나는 사랑에 주저하는 사람에게 말할 수 있는 게 생겼다.
사랑에는 커다란 용기가 필요한 것 같다고….
사랑에는 질긴 인내심이 필요한 것 같다고….
그리고, 그 사랑을 정말 원하신다면 할 수 있는 최선을 다해야 한다고 생각한다.

지금도 내 꿈속에 가끔 와이프가 등장한다.
예전에 소녀였던 모습으로 나타나 그렇게 내 애를 먹이곤 한다.
꿈에서 깨어나 앉자 옆에 누워 자는 와이프의 얼굴을 보고야 안심한다.

난 매일매일 행복한 생각을 하려고 노력하고 산다.
어쩌면 나에게 가장 행복한 일은 그녀를 만났던 게 아닐까?
행복의 시작은 그리 멀리 있지 않을 수도 있다.

나는 어디로 가고 있는가?

50이 시작되기 전 많은 생각을 하게 되었다.
39살 때도 그랬던 것 같은데 그 느낌과는 전혀 다르다.
그때보다 좀 더 많은 경험을 하고 삶에 대해 좀 더 아는 것이 많아지니 진지해지기도 하고, 많은 질문도 생겼다.

다시 늙은 번데기의 허물을 벗고 성숙해지기 위한 준비를 하는 듯했다.
나와 다른 생각과 말을 하는 사람들을 만나기 위해 돌아다니고 많은 책을 훑게 되고 질문만큼 불안해했다.

내 주위에 모든 것들에 대해서 흔들리지 말고 그냥 바라볼 수 있었으면 좋겠다. 라는 생각도 했다.
이 두려움은 뭐지?
나는 나에 대해서 50년 동안 열심히 성당, 일터, 전시회, 모임 등에 공간과 사람이 바뀔 때마다 다른 언어로 말할 수 있도록 노력을 했다.
그러나 이제는 포장해서 드러내 보이지 말고 그냥 생얼로, 내가 가진 것도, 내 것이 아닌 것도, 그렇게 포장하지 않은 나의 모습으로 사람들을 대하고 나를 보여주어야 한다는 생각이 들었다.

그냥 있는 그대로 보여줄 수 있으면 좋겠는데…. 두렵다.
그대로 그냥 쓰일 수 있으면 좋겠는데…. 잘 모르겠다.
그것만이 내가 살아가야 할 가치 있는 삶이요. 행복이다.
그냥 그대로 모든 것을 받아들일 수 있었으면 좋겠다.
좋은데 쓰였으면 하는 것도 욕심이고 의미 없음이고 말씀하신 그대로 그 안에서 쓰이면 된다.

매일 되새긴다.
그냥 기다리고 바라보자.
겸손하게 두려움이 가라앉기를 기다려 본다.
내 안의 질문도 너무 궁금하지만, 그 궁금함이 조용할 때까지 기다려 본다.
오늘도 대뇌인다.
나는 무엇을 위해 어디로 가고 있는가?

1루피의 행복

어떤 모임에서 내가 했던 말이 생각나서 적어본다.
제가 20대 말 인도 여행이 붐이었을 때 3개월 정도 인도에 여행을 갔다 온 적이 있다.
그런 인도에서 어느 날 관광지를 돌고 있을 때였다.
그때의 인도는 어느 곳을 가든 1루피, 1달러를 구걸하는 사람들이 많이 있었을 때였다.

한 7~8살 정도 돼 보이는 남자아이가 내 눈에 들어왔고 나는 그 아이에게 1루피를 건넸다.
그런데, 그 소년이 내 돈을 거절하는 것입니다.
의아해서 그 소년을 바라보고 있는데 그 소년이 내게 말했다.

당신이 내게 1루피를 준다면 신이 당신에게 1루피만큼의 행복을 되돌려 줄 것이요.
당신이 내게 1달러를 준다면 신이 당신에게 1달러만큼의 행복을 되돌려 줄 것입니다.
너무나 간단하고 강한 어조였다.

그러나, 너무나 당황한 건 내가 20여 년간 성당을 다니며 쌓은 믿음보다 그 소년의 신에 대한 믿음이 훨씬 깊고 강함을 느꼈던 것이었다.
나는 아무런 반박을 할 수 없었다.

그 뒤에도 여행하며 기차가 제 시간을 2시간이나 넘기고 도착하던 일, 수많은 다른 종교인들이 내 눈앞에서 왔다 갔다 하며 이해할 수 없는 신의 믿음에 대한 말을 하고 수많은 사기꾼들, 하지만 누구 하나 내가 가지고 있는 믿음보다 울림이 컸기에 나는 돌아올 때까지 혼란스러웠다.

지금은 많은 시간이 지나 아무렇지 않게 그 시간을 돌려볼 수 있지만 삶이 묻어있는 그 믿음에 깊은 존경을 표하고 싶다.
아마도 카스트제도 때문에 더 신에게, 자신의 믿음에 의지해 살아갈 수 있을지도 모른다.
하지만, 상상할 수 없는 그 믿음에 내심 부럽기도 하고 내 삶에 그 시간이 있었다는 것에 감사하는 마음이다.

내가 나 자신에게 쓴 글

우리는 화려하지도 스타같이 완벽함을 갖고 있지도 않아요.
하지만, 우리는 특별한 무언가를 갖고 있어요.

아직 자신에 대해 잘 모르는 것 같아요.
자신을 알아가는 데 시간이 오래 걸리겠죠.

우린 용기를 내야 해요.
자기감정에 더 귀 기울이고 충실해야 해요.

우리가 말했던 단어들, 그 단어를 난 아주 소중히 생각해야 해요.
가치 있는 삶, 믿음, 다름, 특별함, 받아들임 등.
그 단어들은 굉장한 무게가 있습니다.
책임도 뒤따르죠.
그래서, 사람들은 받아들이고 싶지 않아 합니다.
무거워서, 힘들다고 하면서. 쉽게 편하게 살아가기를 바라죠.

그리고, 삶이 힘들다고 항상 불평합니다.
우린 그 단어의 무게감을 알고 있고 중요함도 알고 있습니다.
그래서 그 단어를 내 몸같이 받아들이려고 하는 겁니다.

행복해질 수 있다고 믿으면서….
그리고, 우리는 겸손해야 합니다.
나에게도 남에게도 상처가 되지 않기 위해서

신비하게도
내 삶이 밝아지고 희망에 매일매일 기대되고 즐거워 짐을 느낍니다.
만나는 사람이 기대되고 내게 다가올 기회에 가슴이 두근거리고
오늘 하루를 열심히 살 수 있게 된다는 생각에 가슴 벅찹니다.

가족들, 아이들도 무엇이 중요한가를 알게 되면 서로를 존중하게
되겠지요.
이런 많은 것들이 흔들림 없이 내가 바로 설 수 있을 때 좋은
사람들과 같이하면 그 에너지가 커질 수 있다고 생각해요.
좀 더 용기를 내야하고 좀 더 큰 그림을 그리기 위해 준비해야 해요.
그리고, 항상 말씀에 귀 기울여야 합니다.
내가 기억하는 말씀을 항상 되뇌고 혹시 내게 말씀하셨는데도
놓치거나 잘못 듣지 않기 위해 귀 기울이고 준비하고 살아야 합니다.

우리의 삶은 어떤 형태로든 살아가게 됩니다.
돈이 있어도, 돈이 없어도, 열심히 살아도, 그렇지 않아도 시간은
흐르고 삶은 살아집니다.

다만 가치 있는 시간을 살다가 죽고 싶다는 생각이 간절할 뿐입니다.
오늘도 감사한 마음으로 하루를 시작해야 합니다.

다볕당에 서서

함양에는 1,000년 된 "상림"이라는 숲이 있다.
1,000년 전 홍수로부터 마을을 보호하기 위해 인공 숲을 만들었다고 하는데 산이 아닌 함양군 한가운데 아름다운 숲이 있어 사람들의 마음을 평화롭게 하고 있다.

나도 매일 시간이 허락할 때마다 상림을 찾곤 하는데 상림 숲 초입에 '다볕당'이라는 곳이 있다.
300평 정도의 땅에 잔디가 심어져 있고 큰 나무로 둘레를 만들고 그것이 잘 보이는 곳에 '다볕당' 이라는 전통 한옥 건물이 지어져 있다.

그 다볕당의 5개 정도의 계단을 올라 정 중앙에 서서 보면 푸른 잔디밭과 둘러싸인 나무들, 그리고, 무엇보다도 그 위로 하늘이 흘러가는 것을 볼 수 있다.
그곳의 하늘은 우리가 매일 보는 하늘과 다르다.
마치 나무로 둘러싸인 큰 그릇에 하늘을 담고 있는 듯한 느낌이다.

내가 그곳을 좋아하는 또 다른 이유는 그곳에 서면 내가 아주 작은 느낌이 든다.
아주 작은 아이가 그릇 속에서 흘러가는 하늘을 쳐다보고 있는 것 같은 느낌이다.
그리고, 또 하나 말도 안 되지만 그런 큰 그릇이 되어 하늘을 담고 싶다는 욕심이 든다는 것이다.
아주 기분이 좋은 느낌이다.
생각만으로도, 그래서 좋다.
어찌 하늘을 담을 수 있겠느냐마는 계속 생각하다 보면 흘러가는 하늘의 생각은 조금 이해할 수 있지 않을까? 한다.

시험을 보고 있는 중3 딸에게

중3 딸이 고등학교에 올라가기 전 중요한 중간고사 시험을 보고 있다.
시험 보기 한 달 전부터 내신이 중요하다고 야단을 떨며 아침 6시에 일어나 공부하고 학교에 가서 돌아오면 좋아하는 핸드폰을 손에 쥐었다 놓기를 반복하며 힘들어하는 모습을 보고 있었다.

그래. '열심히 사는구나!', 기특한 생각이 들기도 하고 그런데 본인은 나름으로 열심히 해도 상위권에 들지 못하고 지금은 중, 상위권에 있는 자신을 마음에 들지 않아 했다.

나름 하고 싶어 하는 것도 있고 '인싸' 이기를 원하기도 하고 욕심이 많은 아이기도 했다.
나 자신의 중학교 시절을 돌아보면 나름 중요한 시기이기도 했지만 지금 딸아이처럼 열심히 하지도 주위의 시선을 의식하며 살지 않았던 것 같기도 한데.
요즘 아이들 문화가 그런 것 같기도 하고 조금 안쓰러운 생각이 들기도 한다.

하지만, 그래도 나는 딸에게 최선을 다하란 말을 할 때가 많다.

모두 힘들고 하기 싫다는 같은 조건에서 하는 것이니 자신을 위해 할 수 있는 한 최선을 다해야 한다는 말을 많이 한다.
비록 결과가 생각한 것만큼 잘 안 나온다 해도, 그래도 최선을 다한 사람만이 후회 없이 느낄 수 있는 감정이 있다.

아침 새벽부터 밤늦게까지 공부시키지 않겠다고 이 시골로 왔는데 여기도 나름의 경쟁이 만만치 않다.
그래도 공부하라고 코너에 몰아넣고 싶지는 않았다.
누구나 잘하고 좋아하는 게 있다고 하는데 그것을 찾아서 할 수 있게 되면 자기 인생을 잘 갈 수 있겠지 하는 믿음이 크다.

그래도 일단 오늘 열심히 해봐…. 그리고 시험이 끝나면 실컷 자고 푹 쉬는 거야-
그렇게 이야기할 수 있어서 다행이다.
그날을 믿고 따라주는 딸이 기특하다.
건강하게 잘 크고 잘 살아가기를 바라며….

사돈이 땅을 사면 배가 아프다

매일 나오는 뉴스는 그날의 사건, 사고들을 알려준다.
어느 날, 그게 너무 지겹고 세상살이가 우울해 SNS를 보니 '좋아요'를 받기 위해 세상의 많은 사람이 보여주고 싶다고 생각하는 것들의 사진을 찍어 올리는 공간이 끝이 없이 올라오고 있었다.
정말 컬러플 하고 다양하다고 생각했다.

그런데, 그중 내가 관심 있어 하는 내용이나 갖고 싶은, 되고 싶은 것들에 대한 사진이 올라오면 나도 모르게 비교하게 되는 것이다.
저 사람은 어떻게 저럴 수 있지?
저 사람은 저렇게 큰 행운을 어떻게 잡을 수 있었지?
나도 열심히 살았는데….
사실 그 사진이 사실인지, 거짓인지. 그 사람의 실제 상황은 전혀 나와는 상관없게 된다.

주위에서 지인이 대출받아 건물을 짓고 월세를 받는다고 한다.
그 순간 내가 작아지면서 내가 그 사람보다 나은 것이 있지는 않은 지.
무언가 저 밑에서 훅하고 올라오는 것을 느낄 수 있다.

그런데, 그것이 사실 그대로 라면 우리가 많은 것을 가졌다고 생각하는 대기업 회장, 총수들은 정말 행복해야 하는데 이제 그들이 행복하다고 생각하지도 않고 말년에 감옥에 들어가는 일도 비일비재해 그렇지만은 않다는 것쯤은 누구도 알고 있다.

자주 핫하게 올라오는 기사로 명문대생들이 힘을 모아 창업해서 굴지에서 실패를 거듭하다가 천신만고 끝에 성공했다는 이야기.
7전 8기로 많은 실패를 거듭한 사장님이 누구도 알지 못하는 비법의 요리로 착한 가격에 많은 사람들이 줄을 선다는 성공담.
하이라이트는 그런 분들이 우리 사회의 도움이 필요한 분들을 위해 기부한 이야기.
너무 재미있기도 하고 궁금해서 그분들의 이야기를 담은 책을 자주 사서 읽곤 한다.

내게는 참, 배 아픈 이야기가 아닐 수 없다.
나도 그러고 싶은데, 나도 누구보다 힘들게 살았고 성공해서 도움을 주고 싶은데.
기부문화가 아직 마음만큼 자리를 잡지 못한 우리나라 문화로 보면 햇빛 같은 이야기라고 생각한다.
사실 우리 아버지 세대는 수많은 전쟁을 겪었고 아무것도 없는 삶이 황폐한 바닥에서 시작하여 채 100년이 되지 않은 현재.
급속도로 경제문화발전을 이루게 되어 세계인들이 놀라고 있지 않은가?

정말 밥 먹고 살 수 있게 된 지 얼마 안 되었는지도 모르겠지만,
다른 모자란 부분도 점점 채워져 가겠다고 생각한다.

내가 이룰 수 없는 자산가들의 이야기에 배 아픈 것이 아니라 일반적인 우리 같은 사람들의 성공 미담이 아름답게 소개되는 기사들이 내겐 참 배 아픈 이야기다.

그리고, 그런 배 아픈 이야기들이 계속 넘쳐흘렀으면 좋겠다.

그래야, 살아갈 수 있는 희망이 생기니까.

깨어 있어라

나는 예능 프로를 즐겨보는 편인데 요즘 예능을 보면 오래전에 활동했던 가수, 개그맨, 배우들이 다시 재조명되어 나오는 경우를 많이 볼 수 있다.

잊어졌던 사람들이 나이를 먹고 다시 기회가 주어졌을 때 그 공백 기간 동안 준비해왔던 자신만의 내공을 유감없이 발휘하려고 애쓰는 모습을 보면 신기하기도 하고 저런 면이 있었는데 '잘됐다' 싶은 생각이 들 때가 있다.

그러고 보면 누구나 인간의 인생은 삶의 주기가 있지 않을까 생각한다.
나도 모르게 가파르고 높은 계단을 달려서 올라가는 주기가 있는가 하면 한없이 내려오는 주기가 있다고 생각한다.
그 주기는 여러번 반복되기도 한다.
사실 그래야 누구나 공평할 수도 있고 다시 힘내서 준비할 수 있는 계기도 되리라 생각한다.

성경의 말씀 중 "깨어 있어라"는 종교 안에서도 대단히 커다란 말씀이다.

종교적으로는 그분이 언제 나에게 오셔서 무슨 말씀을 하실지 알 수 없으니 항상 준비하고 기다려야 된다는 말씀일 것이다.

사회적으로도 내가 준비하고 깨어 있지 않으면 그 기회가 막상 내게 왔을 때 고통받고 있는 내가, 힘들어하는 내가, 할 수 있는 게, 기대할 수 있는 게 없을 수도 있다는 것이다.
즉, 항상 하루하루 내가 무엇을 해야 하는지, 어디로 가야 하는지, 내게 행운의 기회가 온다면 나는 무엇을 어떻게 해야 하는지 깨어 있는 생각을 준비해야 한다는 것이다.

살펴보면 성공한 사람들은 지난 수년간 그 순간을 위해 실패하고 다시 일어나고 준비하고 다시 올 기회를 위해 열심히 노력했다는 것을 우리는 알고 있다.
참아내지 못하고 주저앉자 버린다면, 누군가 나에게 기회를 주기만을 바라고 있다면, 될 대로 되라고 하루하루 살아간다면 그 기회는 흔적 없이 지나가 버릴지도 모른다.

내 삶의 변화에 관심을 두고 내 주위에서 일어나는 일들에 공감하고 자기 삶의 행복을 위해 열심히 준비한다면 언제든 어떤 일이든 주어지는 일을 기회로 만들 수 있지 않을까?
하는 생각이 드는 것이다.
우리는 깨어 있는 삶을 살아야 한다.

행복의 시작은

지인으로부터 내일 단체의 1주년 기념행사를 하게 되었다는 말을 듣고 무언가 좋은 선물이 없을까? 생각한 그때 내 눈에 들어온 건 일본 서예가이자 시인인 아이다 미츠오의 글이 생각났다.

일본 유학 당시 일본어학원에 가기 전 나는 아르바이트로 새벽부터 동네 마트에서 일하고 있었고 그만두게 되기 전날 여사장님이 개인적으로 불러 선물로 글이 담긴 액자를 주셨다.
열심히 일해주어서 고맙다는 말씀이 기억이 나고 잘은 모르지만 감사한 마음으로 받아서 돌아와 집에서도 잘 보이는 곳에 놓아둔 글로 개인적으로 좋아하는 글이기도 했다.

"사람들이 사는 세상에서 행복이란 사람과 사람이 만나는 것으로부터 시작된다. 좋은 만남을 갖기를…"
우리는 삶을 살아가며 많은 사람을 만나고 또 헤어지고 그 안에서 상처받기도 하고 슬퍼하고 위로받고 혼자서는 느낄 수 없는 많은 감정을 겪으면서 살아간다.

미츠오는 우리가 갈구하는 행복도 그 사람들과의 만남에서 시작된다고 말하고 있다.

나는 사람들을 잘 믿지 않는다.
사람들로부터 받는 상처도 두려워한다.
하지만, 나는 사람들을 좋아하고 사랑한다.
내 인생의 많은 부분을 그들과 함께하고 만들어가고 있기 때문이다.
부디 열린 마음으로 좋은 만남을 갖게 되기를 바란다.

20년 전으로 돌아간 순간

며칠 전 가끔 와이프가 연락하던 20년 전 일본에서 알고 지낸 친구가 미국에 살다가 10년 만에 한국에 오는데 우리 집에 온다는 것이었다.
그것도 그녀의 중3 아들과 초등학교 4학년 딸과 함께 말이다.

그녀는 20년 전 우리가 일본 유학 시절 학교에 가서 작업하고 저녁에 아르바이트하던 바쁜 시절 얼마 안 떨어진 일본대학에 혼자 유학하러 와서 아르바이트하던 '도쿄엔'이란 곳에서 만난 당차고 성격 좋은 여후배였다.
우리의 얼마 안 되는 한국인 지인으로 2~3년 언니, 오빠, 동생하고 친하게 지냈고 그 후 그녀는 미국으로 건너가 결혼하고 잘 산다는 이야기를 듣곤 했었다.
그런데, 그녀가 아이들과 이 시골 우리 집으로 오고 싶다는 것이다.

마침 여름철이었고 우리는 그녀를 생각하며 기분 좋은 생각들로 기다리게 되었다.
그리고, 그녀가 아이들과 집에서 지낸 1박 2일은 우리에게 너무 신기한 경험이 되었다.

그녀와 있던 시간은 마치 20년 전으로 돌아간 느낌이었고, 우린 시간만 나면 20년 전 그곳으로 돌아가 그때같이 했던 시간들, 공간들, 아르바이트하던 이야기, 마치 그곳에 있는 느낌으로 신나게 이야기꽃을 피웠다.
사람들이 어릴 적 살던 곳을 다시 찾거나 오래된 추억의 물건을 다시 보게 되었을 때 그 시간, 그 공간으로 돌아간다는 이야기를 들은 적이 있다.

우리에게도 젊은 시절 너무 힘든 시간이었지만 멋진 추억으로 서로 생각나는 이야기를 떠들어대며 공감으로 하고 신기해했다.
사실 아이들이 그만큼 컸고 지난 20년만큼 많은 일들이 있었고 나름 나이를 먹었는데도 우린 그대로였으니 말이다.

쭈글쭈글해진 주름살과 뱃살 걱정도 잠시 주변을 산책하고 대충 준비한 음식을 맛있게 먹으며 아이들 자랑도 실컷 하며 어린 시절로 돌아갔다.
그리고, 떠나는 날 헤어짐을 아쉬워했고 다음 만남을 기약하며 헤어졌다.
다시 제 자리로 돌아온 것이다.

아이들이 어울려 놀았기에 현실감이 있긴 했는데 잠깐 20년 전 느낌으로 돌아갈 수 있다는 것은 정말 새로운 느낌이었고 1박 2일 동안 그냥 재밌고 주변이 아름답고 행복했다.
20년 동안 얼마나 힘들었고 어떤 일이 있었던 서로 다시 이렇게 만나서 이야기할 수 있음에 행복해했던 것 같다.

그녀가 아이들과 버스에 오르기 전에 나는 아쉬워하며 그녀에게 말했다.
가족들과 건강하게 행복하게 잘 살기를 바란다고. 서로 나이 들어가며 다시 만날 수 있었으면 좋겠다고 말이다.

사실 가족들도 좋은 친구들도 항상 내 곁에 있을 것 같지만 언젠가는 떠나고 또다시 만나고 그런 게 우리 삶이 아닌가 싶다.
이젠 나이가 드니 당연하다 싶으면서도 참 아쉽다.
영화에서 보았던 '타임머신'을 타고 며칠간 옛날 과거로 돌아가 즐거운 시간을 보내고 다시 돌아온다는 건 정말 신기하고 아름다운 경험이었다.

우리는 다시 미래를 향해 달려가는 기차를 타고 좋은 시간을 만들기 위해 달려가고 있다.
때로는 기차가 너무 빨라 아쉬워하기도 하고 지나버린 정거장에 두고 온 일로 혼란스러워하는 일도 생기지만 언젠가 다시 돌아갈지도 모르는 과거를 위해 아름다운 하루하루를 만들어야 함을 다시 실감하게 된 것이다.

내 욕심이 나를 갉아먹고 있을 때

몇 년 전 일이다.
도움이 필요한 사람들을 위해 적극적으로 도움을 주는 일을 하고 싶다고 생각하고 있을 때이다.
사실 마음은 그렇지만 몇 년간 이런저런 봉사 경험만 있지 큰일을 벌일만한 능력도 여력도 없을 때이다.

그래서, 생각난 게 세계적으로 자산기부를 하는 기업가의 도움을 받으면 좋겠다는 생각이었다.
그냥 받겠다는 것은 아니고 언론에서 아프리카의 열악한 환경에서 사는 사람들의 모습을 본 적이 있는데 음식뿐만 아니라 전기는 물론 양초도 없어 어두운 집안 구석에서 식사하고 초저녁만 돼도 아무것도 할 수 없는 모습을 보고 안타까웠던 기억이 있다.

그래서, 버려지는 병이나 재활용품에 아이디어를 더해 태양열 조명을 제작해서 사용할 수 있게 하면 좋겠다는 생각을 짜내게 되었고 샘플 제작을 하게 되었고 그분들을 도와주는 데 필요한 자원을 마련하기 위해 기업가들에게 부탁하려 했다.

그런데, 우리나라 큰 기업가들도 나와 같은 일반인은 만나기 힘든데 세계적인 기업가들과 연락할 수 있는 방법은 없었다.

그런데, 어느 날 빌게이츠 기부재단에서 빌게이츠가 책을 출간하고 홍보하기 위한 팀의 사이트를 발견하고 메일주소를 찾아내게 된 것이다.

며칠간 샘플제작사진과 기획서, 설명을 어렵게 영어로 준비하여 메일을 보내게 되었다.
빌게이츠에게 부탁하고 도와달라고 메일을 보낸 것이다.
말도 안 되는 생각이라는 것도 알고 있었지만 정말 진심으로 원하면 될 수 있을지도 모른다는 생각뿐이었다.

그렇게 매일 한 번씩 보낸 지 열흘 정도 지났을 때 외국에서 메일이 여러 통 왔다.
메일을 살펴보니 외국의 은행가인데 같이 돈을 벌 수 있다는 내용과 돈과 관련된 스팸 메일 들이었다. 그런데 그중 한 통이 좀 이상했다.
기부 자산가의 부인인데 남편이 기부사업을 하다가 막대한 자원과 일을 남기고 죽었는데 부인인 본인도 병에 걸려 지금 수술하기 위해 기다리고 있고 병원이라는 것이었다.
남편이 남긴 돈과 일을 기부사업에 써야 하는데 병원에서 안타까운 하루하루를 보내고 있다는 것이었다.

그냥 말도 안 되는 스팸일 수도 있었지만, 그때 불현듯 빌게이츠재단에서는 기업이나 단체에 기부하거나 자선사업을 할 때 많은 확인 절차를 할 것이고 내가 돈이나 개인적인 욕심이 없다면 두렵거나 주저할 필요가 없지 않은가?
잃을 게 없는데 무엇을 두려워하지. 진행해볼까?란 생각이 스친 것이고 그 1%의 욕심이 결국 내 살을 파먹는 듯한 후회를 하게 만든 계기가 되었다.

나 자신을 스스로 다짐하고 정리하고 나름 여러 가지 계획을 세우며 메일을 주고받았다.
질문에 답을 하기도 하고 내가 질문을 하기도 하고 새벽에도 일어나 수신을 주고받고 잠을 못 자고 설치는 날도 많았다.

그러길 20일 정도 지나고 부인이 자신이 가진 돈을 나에게 전달했으면 하는데 은행은 많은 수수료가 드니 자신이 알고 있는 브로커를 통해 들고 나가서 공항을 통과해서 전달하겠다는 것이다.
금액이 수십억에 달한다는 것도 잊지 않았다.

그런데. 단 하나 공항 통과 시 대사관 비자를 갖고 통과해도 약간의 수수료가 드니 그것을 준비해 주면 좋겠다는 것이다.
그때였다. 왠지 싸한 느낌이 들었고 '아! 당했구나!'란 생각이 들었다.
수십억을 움직이는 기업자산가가 수수료를 준비해 달라고 하는 것도 이상하고.
바로 공항기관에 전화를 걸어 상황을 대략 설명하고 수수료나 여러 가지 질문을 했다.
기관에서는 검은돈이 아니라는 것을 증명을 하고 신고를 하면 수수료는 없다고 했다.

나는 바로 그 이야기를 메일로 보냈는데 그 뒤로 답이 없고 며칠 뒤 공항에서 너에게 전화가 갈 것이다. 라는 메일이 왔다.

그렇게 스스로 진실한 일을 하고 있고 개인적인 욕심은 없다고 다짐했는데 분하기 그지없었다.
자신의 어리석음이, 1%의 내 안의 욕심과 과욕이 말도 안 되는 결과를 만들어 냈다.

며칠 뒤 010으로 시작되는 전화가 왔고 난 바로 전화를 끊고 문자를 보냈다.
네 생각은 다 알고 있으니 다시 전화하면 경찰에 신고하겠다고….
일은 그렇게 일단락됐지만, 세계적인 IT 기업 빌게이츠 재단에 보낸 메일이 해킹당해서 바보가 된 것이 분이 가시지 않아 재단에 다시 메일을 보냈다.

어떻게 이런 일이 벌어질 수 있는가?
수많은 사람이 당신들한테 메일을 보내고 있을 텐데 정말 아무런 책임도 없고 대책도 없는가? 란 내용이었다.
메일 보내길 일주일간 어느 날 메일 답장이 왔다.
기다리던 빌 게이츠 기부재단에서.
미안하다고, 매일 엄청난 메일을 받고 있는데 할 수 있는 게 없다고 이해해 달라고.

그 뒤, 바보 같은 일로 생긴 상처가 아무는데 5개월 정도 시간이 필요했고 두 번 다시 되지 않는 욕심은 부리지 않기로 했다.
그냥 매일매일 내가 할 수 있는 일을 하고 내가 할 수 있는 한도에서 도움을 주겠다고 결심했다.
그렇게, 한 걸음 한 걸음 내 생각을 키워 나가겠다고 결심한 것이다.
이일도 나에게 중요한 경험이 되었고 나는 후회하지 않기로 했다.
아마 이일은 기부의 시작이고 훗날 날 웃음 짓게 하는 좋은 추억일 수도 있으니까.

몽이가 보고 싶은 날입니다

폐교에 들어가서 몇 개월이 지났을 때이다.
와이프와 나는 일본에서 귀국한 지 얼마 안 됐고 수중에 월세방을 구할 돈이 없어 전전긍긍하다가 학교 사택에서 생활하고 폐교의 교실 몇 칸을 손질해서 작업을 하게 되는 행운을 얻게 되었는데 몸이 너무 안 좋은 상태라 사택 뒤에 10평 정도 되는 밭에 작물을 심어 자급자족하기로 했다.

시골 생활은 처음이지만 열심히 땅을 일구고 작물을 심기위해 골을 파고 장에 가서 고추, 토마토, 오이, 나중에는 배추, 콩 등 심어서 먹을 수 있는 건 다 심었다.
물을 주고 기다리기를 며칠 신기하게 싹이 나고 그 녀석들이 조금씩 조금씩 자라는 모습을 보는 것이 몸과 마음을 즐겁게 했다.

약을 안 친다고 젓가락으로 벌레도 잡아주곤 했는데 작물을 심을 때쯤 폐교 담장 옆에 사시는 할머니네 집 발발이가 새끼를 오글오글 낳은 것이다.
며칠 뒤 눈을 뜬 하얀 강아지 한 마리가 우리 집 식구로 오게 되었다.

그런데, 이 녀석이 얼마나 영리한지 너무 어려서 방안에 같이 지내는데 신문지를 접어 A5 정도 사이즈 위에 놓고 그 위에서 있으라고 하면 그 사이즈를 떠나지 않고 귀여움을 떠는 것이다.
우리는 강아지 이름을 '몽이'라고 지어주고 이뻐해 주었다.
그리고, 아직 어려 밤이 되면 엄마를 찾다가 자곤 했는데 우리는 동물을 좋아했기에 몽이를 아기처럼 귀여워했고 사람 말을 귀신같이 알아듣는 몽이는 가족으로 자리를 잡아갔다.

그러던 어느 날 우리 딸이 태어난 것이다.
아이는 무럭무럭 커갔고 많은 것을 해줄 수 없었던 우리는 아이를 위해 작물을 심고 수확해서 아이에게 먹이고 작업도 하고 가족으로의 형태를 갖추기 위해 노력해갔다.

그러던 어느 날 몽이가 자주 학교 밖을 나가곤 했다.
태어난 지 3년 정도 지나기도 했고 자기보다 더 신경 쓰고 이뻐하는 아이가 생기고 약간 서열이 뒤로 물러난 느낌도 있어서인지 발정기가 되면 동네를 어슬렁거리며 암컷이 있는 집 앞에 죽치다가 끌려오기를 여러 번….

그런데, 작고 하얀 발발이 몽이가 어느 날 저녁때가 되도 들어오지 않았다.
며칠이 지나도 들어오지 않았다.
우리는 동네를 몇 번씩 돌며 사람들에게 몽이를 본 적이 없냐고 물었고 그렇게 속이 타들어 가는 시간이 흘러갔다.

너무 아기로 인해 몽이에게 신경을 안 썼구나 하고 후회를 할 때 쯤….
몽이가 돌아왔다.
죽어서 돌아왔다.
며칠을 매일 찾아도 없던 집 뒤 텃밭에 잠든 듯 누워 있었다.

흔들어 깨웠지만 이미 몸은 차가웠고 일어나지 못했다.
몽이가 짖고 있는 듯한 환청을 며칠 겪어야 했고 눈물이 멈추질 않았다.
누구의 잘못도 아니었지만.
갑자기 그렇게 가버린 몽이가 너무 그리웠다.
그 아이를 땅에 묻었다.
아니 가슴에 묻었다.
그 뒤로 나는 개를 키우지 않는다.

10년이 지난 지금도 이상하게 어떤 날은 몽이가 생각나고 보고 싶다.
더 잘해줄 수 있을 것 같은데.
우리가 가장 힘들고 위로받고 싶을 때 우리의 곁에서 이야기를 다 들어준 아이인데.
몽이랑 비슷한 종을 보게 되면 말하고 싶어진다.
고맙다고.

와이프가 임신해서 사달라고 했던 건

폐교에서 생활한 지 1년 정도 지났을까?
힘들었던 몸과 마음은 차츰 치료되고 부담되는 모든 것들을 내려놓고 깨끗한 환경에서 자급자족하는 생활 속에 건강하게 회복되어 갔다.
그런 어느 날 와이프가 내게 임신 소식을 알렸고 우린 새로운 이곳에서 태어날 아기를 위해 부모가 되기 위해 조금씩 준비해갔다.

임신 5개월이 지났을까 배가 나름 많이 불러왔고 와이프가 내게 먹고 싶은 게 있다고 했다.
사실 여자들이 임신했을 때 먹고 싶은 게 있다고 말하면 무슨 수를 쓰든지 꼭 구해와야 한다고 익히 알고 있었고 특이한 걸 말하면 이 시골에서 어떻게 하나….
큰돈이 드는 것이면 어떻게 하나…. 살짝 걱정했다.

'읍내에 가면 돌아올 때 떡볶이 사와'
'어? 그거면 되는 거야…? 어. 매콤한 거로 사 와야 해.'
'알았어. 내일 읍에 갔다 올 때 사 올게.'
어쩌면 우리 형편을 생각해서 말했을 거로 생각했다.
고맙고 미안했다.

그 뒤로도 계속 떡볶이 이야기했고 나는 언제든 얼마라도 구해 주겠다고 큰소리를 쳤다.
그리고 가끔 우리 마을 분들이 하시는 딸기 하우스 딸기를, 빨간 그릇에 가득 큼직한 딸기를 갖다주시곤 했는데 와이프는 그 딸기를 가장 좋아했다.

그리고, 떡볶이를 좋아하는 딸기 같은 여자아이가 태어났고 와이프는 지금도 주기적으로 떡볶이랑 딸기를 자주 사 먹곤 한다.
그때 생각이 가끔 난다고 하면서.
그럴 때마다 나는 생각한다. 다행이다. 와이프가 떡볶이랑 딸기를 말해서.
난 그것을 배려라고 생각한다.
서로를 신뢰하고 배려하면 더욱 음식이 맛있고 행복해진다고.

다볕당 하늘은

위의 글에서 소개한 바가 있는 1000년 숲 함양 상림공원에 가면 '다볕당' 이라는 곳이 있다.
정말 좋아하는 장소로 400평 정도의 공간에 잔디가 심어져 있고 그 둘레로 나무가 심어져 있어 그릇 모양을 하고 있고 그 위로 하늘이 떠간다.

나는 매일 아침 일찍 산책을 즐겼고 상림에 가는 날이면 어김없이 다볕당에 올라 같은 장소에서 사진을 한 장씩 찍는 걸 즐겼다.
그리고, 커다란 사실을 깨달았다.
우리는 매일 자고 일어나면 어제와 같은 변함없는 하루를 생각한다.

주말이 아닌 이상 변함없는 일상을 생각하고 큰 의미를 두지 않는 경우가 많다.
그런데, 찍은 사진을 보니 매일 하늘이 다른 것이다.
흐린 날의 하늘, 맑은 날의 하늘, 계절마다 그날마다 같은 하늘은 단 한 번도 없었다.
매일매일 다른 하루를 살고 있다는 것을 사진을 보고 알 수 있었다.

그래. 사실 누군가에게는 절실한 하루일 수도 있고.
아이가 태어난 날, 결혼하는 날, 취직이나 시험합격 하는 날 등 특별한 하루, 특별한 하늘일 수도 있겠구나.라는 생각이 들었다.

감사한 마음이 들었다.
나는 다볕당에 올라 사진을 찍는 것을 더 좋아하게 되었고 조금 더 중요하고 특별해졌다.
매일매일 다른 하루를 살 수 있음에 감사했고 매일매일을 열심히 살기 위한 계기가 되기도 했다.
내게 남아 있는 시간은 분명히 정해져 있을 테니까.

생각의 차이

몇 년 전 회사에 다닐 때이다.
같이 근무하며 친하게 지낸 상사분이 내게 말했다.
큰딸이 고3으로 대학 수능시험에 대비해서 열심히 공부하는 데 저번 주말에 갑자기 쓰러져서 멀리 있는 큰 병원에 입원하게 되었는데 입원한 지 며칠 안 되었는데 병원비가 백만 원이 훨씬 넘게 나왔다는 것이다.

더욱이 화가 나는 건 퇴원을 했는데 병명도 모르겠다고 그러면서 집 안에서 몸 관리를 잘하라고 했다는 것이다.
공부 스트레스 때문인지 잘 먹지도 않고 갑자기 어지러워 쓰러진 것 같은데 뚜렷한 이유 하나 없이 병원비만 날렸다는 것이다.

그래서, 가만히 그 말을 듣고 그분에게 말했다.
'혼자서 열심히 공부하느라고 힘들었나 보네'
그렇게 병원비가 들었는데 병명이 안 나와서 답답하다고?
병명이 없어서 다행인 거 아닌가?
만약에 큰 병이라도 걸렸으면 어떡할 뻔했어요?
그러면 백, 이백만 원이 아니고 수천만 원이 나올 수도 있는 상황이었던 것 같은데.

그 정도의 비용으로 그 정도로 넘어가서 다행이라고 생각해야 맞는 거 같다고.
집에 가서 아이에게 뭐라고 하지 말고 맛있는 거, 몸에 좋은 것 좀 챙겨 먹이고 다시 건강하게 공부할 수 있게 하는 것이 좋을 것 같다고 말이다.

눈을 동그랗게 뜨고 껌벅거리더만 집에 가서 가족들하고 이야기한 모양이다.
다음날은 와서 와이프랑 이야기했는데 잘 먹이고 지켜보기로 했다고 한다.
그 아이는 아무 일 없이 시험을 보았고 좋은 대학에 입학했다.

우리는 살아가면서 많은 해프닝을 겪고 받아들이고 살아간다.
그런데 일어난 상황에 대해 좀 더 깊이 멀리 이성적으로 생각하지 못하고 당장의 불만을 드러내고 마는 경우가 있다.
순식간에 두려움과 불만은 우리의 이성적인 생각을 집어삼키고 만다.

순간의 종이 한 장의 앞면과 뒷면 같은 생각이 때로는 우리 삶의 많은 것을 바꿀 수도 있다.
안타깝지만 힘든 현실 속에 올바른 판단을 하기가 점점 힘든 것이 사실이고 당장의 손익도 중요하지만 좀 더 책임감 있는 생각으로 보이지 않는 부분까지 생각해서 판단할 수 있다면 좀 더 행복해질 수 있다고 생각한다.

아이에게 필요했던 건

10여 년 전 폐교에서 생활하던 때이다.
근처에 대안학교가 있었는데 어느 날 대안학교 선생님이 나를 찾아왔다.
그리고, 이렇게 말했다.

우리 학교에 학생이 한 명 있는데 일주일에 몇 시간이라도 좋으니 미술치료를 받았으면 좋겠다고 학생이 자존감이 바닥이라 의욕이 없다는 것이었다.
학생은 지적장애아였고 어렸을 때 부모님이 강제적으로 공부하게 했고 그 이후로 아이가 말도 공부도 잘 하지 않게 됐다는 것이었다.
중2 정도의 체격이었는데 실제는 초등학교 정도의 교육 수준을 갖고 있었다.

일주일 정도의 시간을 달라고 말하고 나는 성당으로 갔던 기억이 있다.
그리고, 수녀님께 고민을 털어놓았다.
이러한 일이 있는데 내가 어떻게 하면 되겠는지요.
그러자, 수녀님께서는 내게 "주님께서는 하지 못하는 일은 주지 않으실 거라고, 당신에게 주어진 일은 당신이 할 수 있는 일일 거라고" 말씀하셨다.

그리고, 나는 돌아와서 일주일에 한 번 단 몇 시간씩 미술 수업을 했다.
구체적으로 말하면 기초적인 정밀 묘사부터 사물 표현, 때로는 찰흙으로 사물을 만들기도 하고 유리를 녹여 액세서리를 만들기도 하고 내가 할 수 있는 수업은 다 했던 것 같다.
단, 빼놓지 않고 했던 말은 학생에게 늘 잘 할 수 있을 거라고 말했고, 결과가 나오면 결과물에 상관없이 어떠냐고 결국 네가 해낸 거라고 칭찬해 주었다.

약 1년 정도의 시간이 흘렀을까?
선생님과 부모님이 나를 찾아왔다.
그리고, 내게 물었다. “아이에게 어떻게 하신 거냐고?”
아이가 바뀌었다는 것이다.
나는 무슨 말씀인지 잘 몰라 여쭤보니 아이가 말도 없고 잘 움직이지도 않던 아이가 아침에 일어나면 이불을 개고 능동적으로 학습에 참여하고 말도 잘한다는 것이다.

글쎄 난 게으름을 꾸짖고 무언가 결과가 나오면 칭찬해 주고 바닥인 자존감을 세워주려고 노력한 것뿐인데….
아이가 바뀔 줄은 정말 생각 못했던 일이었다.
그 아이를 계기로 내 생각이 좀 바뀌었다고 해도 과언이 아니었다.
그 이후로도 몇몇 아이를 케어하게 되었고 꼭 좋은 결과가 주어진 건 아니지만 나에게 아이들에게 좋은 시간이 되었던 건 사실이다.

우리는 아이의 인생을 위해 많은 말들을 하고, 많은 것들을 하기를 바란다.

하지만, 우리 어른들도 완벽하지 않기에 꼭 옳은 말과 옳은 교육을 가르치진 못한다.

좀 더 아이들을 관찰하고 그 아이에게 필요한 그 아이를 위한 것들을 해주어야 한다고 생각한다.

우리도 누군가의 말실수로 또는 옳지 않은 일을 겪어 상처를 안고 살아가고 있지 않은가?

정말 그 아이를 사랑하고 행복한 인생을 살아가기를 바란다면 살아남기 위한 경쟁 학습 이전에 바닥에 떨어진 자존감을 세워주고 아이가 갖고 있는 질문에 대한 대답을 해주기 위한 고민이 필요하다고 생각한다.

코로나로 인해 아이들은 얼마나 힘든지 우리 어른들은 잘 알지 못할 수도 있다.

혹시 자기 말과 행동으로 부모님이 더 힘들어하지 않을까? 말도 못하는 아이들이 많다. 그런 아이들의 말을 잘 들어주는 마음과 관심이 필요한 시기인 것 같다.

아름다운 기획

어느 정신장애 요양원에서 사회복지사로 일하고 있을 때였다.
요양원에 정신적 장애를 갖고 계신 분들은 대부분 오랜 시간 시설에서 생활하셨고 결혼하지 못한 혼자이신 분들이 많았다.

어느 날 여자 생활실에 지원 근무할 때 사진 한 장을 보게 되었다.
결혼 드레스를 입고 있는 여자 생활인분들의 사진으로 7~8분이 하얀색, 빨간색 등 아름다운 드레스를 입고 있는 사진이었다.
팀장님이 코로나가 오기 전 결혼 드레스를 입고 싶었던 분들을 모시고 가서 전문 사진관에서 찍은 사진이라고 했다.
너무 환한 웃음을 가진 이름다운 사진이었다.

그리고, 며칠 후 다른 분으로부터 아름다운 기획에 관한 이야기를 듣게 되었다.
여기 계신 정신적 장애를 가진 여자분들 중 결혼 드레스를 입고 싶은 분들을 위해 기획을 세우고 전문 결혼 드레스를 대여하는 곳에 가서 다들 원하는 드레스를 입고 연출사진을 찍었다는 것이다.
그리고, 내게 사진이 아닌 기획 동영상을 보여주었다.

아름다운 여러 가지 드레스를 입고 있는 여자분들과 단 한 사람의 턱 시도를 입은 남자 한 분.
물론 요양원에 계시는 사회복지사로 연출을 도와주시는 분이라고 했다.

사진들이 지나가는데 동영상 BGM(바닥에 흐르는 음악)이 귀에 들리는 것이었다.
가수 이선희 씨의 '인연'

내 생애 이처럼 아름다운 날
또다시 올 수 있을까요
하고픈 말 많지만, 당신은 아실 테죠
먼 길 돌아 만나게 되는 날 다신 놓지 말아요.
이 생애 못한 사랑 이 생애 못한 인연
먼 길 돌아 다시 만나는 날 나를 놓지 말아요.

그분들의 꿈이었는지도 모르겠다.
그런데, 음악이 가사가 너무 가슴을 아프게 했다.
이처럼 아름다운 사연이 또 있을 수 있을까?
때론, 어린아이처럼 떼를 쓰기도 하고 천진난만하게 웃음을 지으며 내게 인사를 해주던 분들이다.

내가 이곳에서 무엇을 할 수 있을지는 잘 모르겠다.
열심히 노력한다고 하겠지만 그것들이 얼마나 사람들에게 도움이 될지는 모르겠다.
하지만, 좋은 기획을 만들고 싶다는 욕심이 생겼다.

모두가 아니더라도 단 한 분이라도 행복하다고 할 수 있는 그런 따뜻한 기획 말이다.

그리고, 내게 있는 모든 것들에 감사하게 되었다.
내가 보고, 느끼고, 실행할 수 있는 모든 것들에 대해서.

가을 아침 행복할 때

아침에 일어나 커피 향을 맡으면
행복한 느낌이 듭니다.
아침에 일어나 빵 굽는 냄새가 나면
행복한 느낌이 듭니다.
아침에 일어나 잔잔한 음악을 들으면
행복한 느낌이 듭니다.

아름다운 사람이 머문 자리에는
향기가 난다고 합니다.
아침에 일어나 사랑하는 사람 곁으로 가니
아름다운 향기가 나는 것 같습니다.

소재에 따라 사람의 성격이 다르다는 걸 아십니까?

나무를 소재로 작업을 하시는 목수를 만나면
항상 느끼는 부분이 있습니다.
이분들은 마치 나무와 같이 순수하고
내성적이며 말씀이 적은 편입니다.
그리고, 자신의 것을 많이 내어주시는 편입니다.

철을 다루는 분들과 이야기하면
역시 철과 같이 단단함이 느껴집니다.
대부분 무뚝뚝하시고 거침이 없습니다.
철을 자르거나 용접할 때 튀기는 불꽃과 같습니다.

저도 유리를 다루지만, 유리를 다루는 사람들은
많은 색처럼 여러 가지 다른 부분들을 갖고
있습니다.
때론 투명하기도 하고 뜨겁기도 차갑기도 합니다.
그러나, 깨지는 유리처럼 예민하기도 합니다.
그래도, 나는 그런 유리가 좋습니다.

아마도 자신의 성격에 맞는 소재를 택하기에
소재가 가진 느낌과 닮아가는지도 모르겠습니다.
여러분은 어떤 소재를 닮았는지
생각해 본 적이 있는지요?
어쩌면 자신에 딱 맞는 좋은 취미를
가질 수도 있을지 모릅니다.

자아 척도 테스트

'자아'란 사고, 감정, 의지 등의 작용의 주관자로서 이 여러 작용에 수반하고, 또한 이를 통일하는 주체, 바로 나 자신을 말한다(지식백과).
'자아 존중감'은 자기 존중 정도와 자아 승인양상을 측정하는 검사를 척도라 말한다.

일을 하던 중 로젠버그 자아존중감 척도에 대한 설명이 있어 살펴보게 되었는데, 스스로 내 '자아'에 대한 생각을 테스트하는 문항이 있었다.
과연 나는 나 자신을 어떻게 생각하고 있는지에 관한 질문이었다.

- 나는 내가 다른 사람들처럼 가치 있는 사람이라고 생각한다.
- 나는 좋은 성품을 가졌다고 생각한다.
- 나는 대체로 실패한 사람이라는 느낌이 든다.
- 나는 대부분의 다른 사람들과 같이 일을 잘 할 수가 있다.
- 나는 자랑할 것이 별로 없다.
- 나는 나에 대하여 긍정적인 태도를 보인다.
- 나는 나에 대하여 대체로 만족한다.
- 나는 나 자신을 좀 더 존경할 수 있으면 좋겠다.
- 나는 가끔 나 자신이 쓸모없는 사람이라는 느낌이 든다.

- 나는 때때로 내가 좋지 않은 사람이라고 생각한다.
이 문항에는 잘한다, 잘 못한다, 그렇다, 그렇지 않다와 같이 체크를 할 수 있는 곳이 있지만 그건 그렇게 중요치 않다고 생각한다.
하지만, 우리는 살아가면서 자신이 힘들다고 생각할 때 부정적으로 이러한 생각들을 하는 경향이 있다.

그렇지 않고 언제, 어디서든 우린 자신의 자아에 대하여 이러한 것들을 생각하고 고민해보는 것이 살아가는 데에 도움이 되지 않을까 한다.
좀 더 긍정적인 여유가 있을 때 나 자신을 돌아보며 생각한다면 객관적이고 더 자신 있는 자신을 발견할 수 있을 것이다.

절실해야 이루어진다

지금은 결혼하기 힘든 시기라고들 한다.
지금은 서로 사랑하거나 연애하기 힘든 시기라고 한다.
그만큼 우리 살림이 팍팍해져서 사람들의 마음이 힘들어졌나 하고 생각한다.

그런데, 내가 결혼할 때도 사실 결혼할 여유는 없었는데.
여자와 남자가 만나 한 가정을 꾸리기 위한 모든 준비를 하고 결혼한다는 것은 상상하기 힘든 시대였던 것 같다.

그냥, 절실하게 사랑하기를 원했었다.
단지. 내 모든 것을 다 걸고 최선을 다해 결혼하기 위해 노력하고 행복하기 위해 서로 노력하고 살아왔던 것뿐이다.

어떤 일이고 이루어지기 위해서는 절실함이 필요한 것 같습니다.
더욱이 사랑은 더욱 절실해야 이루어지는 것 같습니다.
서로 배려하고 사랑하는 마음이 더욱 두 사람을 행복하게 만들어 주니까요.

중고차를 사러 가서 말했습니다

저는 차를 믿지 않습니다. 단지 사람을 믿을 뿐입니다.

타고 다니던 31만km 카렌스II가 길에서 하얀 연기를 뿜으며 퍼지고 이틀 후, 나는 다시 중고차를 구하기 위해 부산으로 내려가야 했다. 그리고, 부산에 오기 전 인터넷으로 사고 이력이나 년도, 주행거리 차에 대한 기본정보를 파악한 뒤 그 차를 실제로 보기 위해 부산의 한 중고차 매매단지를 찾아갔다.

4시간을 달려가서, 여자 딜러분을 만나게 되었고, 서로 인사를 나누자 바로 계약서를 내 앞에 내미시면서 정말 좋은 차라고 하며 자랑하기 시작했다.
여사장님을 만나 뵈기 전 직원분을 통해 10분 정도 차 실내를 보기는 했지만 나는 다시 자동차 딜러분에게 말했다.

저는 차를 믿지 않습니다.
단지 사람을 믿을 뿐입니다.
'네?' 딜러이신 여자분이 토끼 눈을 뜨고 내게 물어왔다.
사장님이라고 했다.
'지금 얼굴은 본 지 10분도 안 되었는데 어떻게 차를 살 수 있겠습니까?'

이 모든 것이 사람이 하는 일인데 서로 기본적인 신뢰감이 있어야 하지 않겠습니까?

그리고, 눈치 빠르신 딜러분 덕에(?) 우리는 식당에 가서 맛있는 점심을 먹으며 서로에 관해 질문을 하고 자신의 이야기를 조금씩 열어놓기 시작했다.
참 까탈스럽고 유별한 사람이네. 라고 생각할 수도 있지만,
멀리서 몇 시간을 차를 사러 와서 혹시 빈손으로 가거나 문제 있는 차를 구입하고 싶지는 않았다.

그리고, 몇 시간 우린 이야기를 나누었고 순박한 딜러분의 성격도 알게 되었고 여러 가지 궁금점과 문제점을 깔끔하게 바로 해결해 주는 딜러분에 대한 신뢰감이 생기게 되었고 계약서에 사인하게 되었다.

그 뒤로도 차는 아무 문제 없이 잘 굴러갔다.
참으로 사람을 믿기 힘든 세상살이임이 분명한 것 같다.
각박하고 살벌하기까지 하다.
하지만, 나는 믿고 싶다.
사람을 믿고 살아가고 싶다.
우리는 서로 등을 내주고 의지하며 살아가는 존재이니까.

불을 끄겠습니다. 전부 나가주세요

카페랑 이어진 갤러리에서 아시는 작가 선생님의 전시회가 있어 갔다가 전시회에 오신 손님들과 차를 마시던 중 카페 사장님이 손님들에게 내뱉은 말이었다.

'불을 끄겠습니다. 전부 나가주세요.' 오후 4시
'네?' 여기 카페 마감 시간인가? 깜짝 놀라 두리번대고 있으니 선생님이 화를 내시며 서로 계약한 부분도 있는데 무슨 말씀을 하시는 건가요? 라고 말씀하시는 거였다.

사연인, 즉 선생님은 갤러리 대관은 저분의 누나라는 분과 계약했는데 동생이란 분이 잠시 나왔다가 마스크를 규정대로 안 쓴다고 '불 끄고 문들 닫으니 전부 나가세요'라는 사태에 미친 것이었다.

동생이란 분을 불러서 왜 그러시냐고 물어보니 본인은 여기서 잠깐 해주기로 했는데 누나는 약속한 시각에 안 오고 마스크를 규정대로 쓰라고 몇 번이나 말했는데 잘 안 지켜지는 것 같아서 어쩔 수 없다는 것이다.

나는 그분께 마스크를 규정대로 지킨 나와 다른 손님은 당신의 의견과는 전혀 상관이 없는데 우리에게 어떤 양해를 구했는지? 물었다. 당신의 말이 정당성을 가지려면 당신의 행동도 정당해야 하는데 그러지 못한 것 같다고 하니 '죄송하다는' 말이 되돌아왔다.
거기까지는 생각하지 못했다고….

다시 불을 켜고 급히 손님들과 마무리하고 선생님께 인사를 하고 나오긴 했지만 참 이해할 수 없는 일이 일어났다는 생각은 머리를 떠나지 않았다.
어떻게 사람들이 이리도 이기적인지….
어디서부터 잘못된 건지, 아니면 몰라서 그런 건지….
조금만 더 생각해서 훨씬 이성적이고 합리적인 해결 방법이 분명히 있었을 텐데….
오늘 하루 그 동생분이란 사장의 외침이 메아리친다.
'불을 끄겠습니다. 전부 나가주세요.'

나는 돌아다니며 내가 좋아하고 원하는 삶을 살고 있다고 생각하는데

50세에 사회복지사 자격증을 따고 어느 요양원에서 일하게 되어 3달 정도 되어가는 어느 날 20년 이상 요양원에서 일해오신 선생님과의 대화 말이다.

'선생님은 좋아하시는 걸 위해서 많은 경험을 하고, 많은 곳을 돌아다니시지는 않았는지요?' 참 부럽습니다. 나는 여기서 20년 이상 일했지만, 아직도 하고 싶은 건 해보지 못했다는 아쉬움이 있는데 어떻게 해야 할지 모르겠네요. 라고 말씀하시는 거였다.

사실 나이 50살에 이제 새 직장에 들어와서 선생님들의 눈치를 보며 일을 배우고 있는 상황이라 나도 내 사정을 조금 털어놓을 수밖에 없었다.

'그래도 선생님은 꾹 참고 한 직장에서 20년 이상 일해오셔서 안정된 가정을 갖고 계시고 제 월급의 2배를 받고 계시지 않습니까?
보시다시피 저는 이제 또 시작입니다.'
'네 그렇기도 합니다만 이제 젊음이 가고 남은 시간이 많지 않으니

아쉬움이 많이 남네요.'
'사실 지금도 늦지 않았습니다. 언제든 하고 싶은 일을 하겠다는 의지와 계획이 있다면 하실 수 있습니다.'

'단 각오는 하시는 것이 좋습니다.'
'내게 생각지 못한 어떤 일이 닥치던 받아들이려 노력하고 중간에 다시 돈을 벌어야 하는 상황이 생겨 다시 어느 직장이건 들어가서 일할 각오가 되어 있다면 시작하실 수 있습니다.

사실 저라고 고생 안 하고 좋아하는 것만 하고 살아왔겠습니까?
정말 말할 수 없이 많은 고생을 사서 해왔습니다.
다만, 제가 원하고 선택했던 일이라 후회하지 않을 뿐입니다.
다시 나이 50에 이 직장에 들어와서 일하게 된 것을 감사할 따름입니다.

그제야 선생님은 고개를 끄떡이며 생각에 잠기셨다.
누구의 말이 옳은지는 모르겠다.
어떤 인생이 좋은지는 더더욱 모르겠다.

삶에 관한 생각의 차이라 생각한다.
자신의 가치에 대한 다름이라 생각한다.

그래도, 중요하게 생각하는 건 어떤 인생을 살건 내가 선택한 인생, 나의 행복을 위한 인생이 되어야 한다는 것이다.
그러면, 어떤 인생을 선택하던 후회 없이 살아갈 수 있지 않을까 한다.
인생은 단 한 번뿐이니까.

아이가 우울증에 빠졌어요

어느 날, 지인분이 내게 물어왔다.
대학교에 다니는 딸이 우울증에 빠져 많이 힘들어한다고….
혹, 좋은 방법을 알고 계시면 도움을 받았으면 한다고.

'미술이 우울증에 도움이 되지는 않는지요?' 물어 오셨다.
병원 정신과 치료를 받고 있는데….

나는 되물었다.
왜 우울증이 생겨났는지요?

아마도 중·고등학교 시절에 다하지 못한 공부를 대학에 진학하게 되어 주변에 맞추어 무리하게 하게 되다 보니 그렇게 된 것 같다고 말씀하셨다.
두 분은 삶이 바빠서 아이를 챙기지 못한 것이 원인인 것 같다는 말씀도 해 주셨다.

내가 조심스럽게 말씀드린 건 그 아이의 힘든 이야기를 들어주고 마음의 상처를 보듬어줄 수 있는 전문 선생님을 찾아 치료받아보시면 좋겠다고 했다.

우리는 피부나 외상은 병원 치료를 받고 약만 먹으면 나을 수 있을지도 모르지만, 마음의 상처는 약만으로는 완전히 치료되지 않았다.

마음 깊숙이 곪고 있는 상처를 보아주고 보듬어주어야 시간이 지나면서 나을 수 있다고 생각합니다.
아직 큰 상처를 입은 것 아닌 것 같으니 아이에게 '괜찮다고. 다시 할 수 있으니 걱정하지 말라고' 계속 용기를 불어넣어 주세요.
그리고, 그 아이의 이야기를 들어줄 선생님이 계시면 좋겠고 이 시간이 잘 지나가게 되면 아이는 더 단단해질 수 있을 겁니다.

사실, 저도 제 아이에게 무슨 말을 어떻게 해야 하는지. 매일 고민합니다.
우리도, 완벽한 답안을 가진 게 아니니까요.
매일 같이 고민하고 이야기할 뿐입니다.

나는 어떻게 늙어 갈 것인가?

나는 시간이 주어지면 주변 공원에서 산책하는 것을 좋아한다.
공원에 가서 나무와 자연이 어우러진 것들을 보면 마음이 평화로워짐을 느낀다.
그런데, 가끔 공원 벤치에 나이 드신 어르신이 앉아서 쉬고 계시거나 생각에 잠겨 계시는 것을 심심찮게 보곤 한다.

저분들은 어떤 인생을 살았을까?
저기 앉아서 오늘은 무슨 생각을 하시는 걸까?

사실 난 언제부터인가 정말 잘 늙어가고 싶다고 생각하곤 했다.
정말 잘 시간을 쓰고 싶다. 는 말로 해석해도 좋을 것이다.

언젠가 나도 나이가 들어 백발이 되고 공원에 산책을 나왔다가 저렇게 벤치에 앉아서 쉬어갈 날이 있을 것이다.
그리고, 여러 가지 생각하게 될 텐데….
그때 흐뭇하게 지나온 일들을 곱씹을 수 있으면 참 좋겠다. 라는 생각해 보곤 했다.

만약, 그러지 못하고 앉아서 힘들게 살아온 세월을 한탄하거나 나이가 들어서 또 어떻게 살아야 하는지 걱정하는 일은 없었으면 하는 것이다.
정말, 잘 늙어가고 싶다.
정말, 잘 죽고 싶다고 생각했다.
와이프에게 그런 이야기를 했더니 자신도 그런 생각을 한 적이 있다고 한다.
그렇구나! 우리 모두 그렇게 늙어가고 그렇게 살아가고 싶어 하는구나!.

나는 오늘도 그 세월의 하루를 잘 살아가기 위해 노력하려 한다.
그 어느 날 벤치에 앉자 편히 쉬어갔으면 하는 마음에….

가을 끝자락 입구에 서서

가을에서 겨울로 가는 길에 다다르면 가을은 색을 바꾼다.
그리고, 한껏 빛을 받아내기 위해 펼쳤던 날개들을 거추장스럽다는 듯 털어낸다.
잎사귀들이 수북이 길을 가린다.

겨울을 나기 위한 준비라고 생각한다.
추운 겨울을 따뜻하게 나기 위한 나무의 지혜가 보인다.
매해 그렇게 겨울을 버틴 나무가 듬직해 보이기까지 한다.

나도 가을의 끝자락 길에 서 있는 듯하다.
나무숲이 바꾼 색깔에 이미 취해 있는 듯 너무 아름답다고 느낀다.
나도 나무의 현명함을 따라 하듯 필요 없는 것들을 털어내야 한다.
혹독하고 추운 겨울을 날 준비를 해야 한다.
나는 무엇을 털어내야 할까?
나는 무슨 색깔로 바뀌면 좋을까? 고민이다.
내년에는 좀 더 나은 인생을 살고 싶은데….
내년에는 좀 더 성숙한 해를 맞이하고 싶다는 생각이 드는데….

올겨울도 추운 겨울이 다가오겠지.
어쩌면 올겨울은 춥고 외로운 이들과 함께하면 따뜻한 겨울을 날 수도 있다는 생각이 든다.
내겐 그렇게 많은 것들을 갖고 있지 않으니까.
그들과 함께하겠다는 마음만으로도 훈훈한 느낌이 든다.
그들과 나누는 훈훈한 마음이 이 추운 겨울을 따뜻하게 보낼 수도 있다는 생각이 든다.

부모님이 이혼했어요

어느 날 항상 일을 힘들어하고 나만 힘든 일을 하는 것 같다고 울먹울먹하던 젊은 친구가 어느 날 집으로 가는 퇴근길 차 안에서 살짝 속마음을 털어놓았습니다.

'저는 어릴 적 부모님이 이혼했어요. 가정 형편이 많이 안 좋고 그로 인해 많이 우울해지고 힘든 부분이 있는 것 같다고'
사실 그 이야기를 더 들어주고 싶었지만, 그날은 왠지 그 젊은 친구에게 강하게 힘을 실어주고 싶었습니다.

누구보다도 힘들었을 거야. 말하기 힘든 부분도 있고.
하지만, 나도 어릴 때 재혼가정에서 자랐고 이유도 모른 채 많이 맞으면서 자란 상처도 있고 하나하나 힘들게 성장을 해왔지만 그래서 내 삶이 더 힘들고 안될 것이라는 생각은 한 번도 없었던 것 같다고.
아니 그러지 않으려고 노력했다고.

어쩌면 그 부분을 스스로에게 인정하고 싶지 않아 남들보다 더욱 열심히 인생을 살아온 것 같다고 했다.
분명히 지금은 다른 일반적인 사람들의 인생보다 많은 것을 받은 느낌이고 지금 행복하다고 느끼고 잘해 나가고 있다고 생각한다.

정말 자네를 응원하고 지켜볼 테니 우울해하지 않고 열심히 도전해 보라고 말해 주었다
혼자 그런 길은 간다면 지치고 힘들지만, 주변을 돌아보면 그런 친구들도 많이 만날 수 있고 그럼에도 불구하고 정말 누구보다도 열심히 살고 멋진 성공을 하고 잘 나가는 인생들을 어렵지 않게 볼 수 있는 것 같다.

혼자가 아닙니다.
힘내서 자신이 원하고 좋아하는 인생을 걸어갈 수만 있다면 또 다른 희망을 만날 수 있다는 확신이 있습니다.
당신을 응원합니다. 다시 한번 일어나 봅시다.

'폭탄' 때문에 회사 생활이 힘들어요.

우리 회사에 '폭탄'이라 일컫는 사람이 있다.
이기적인 마음과 행동으로 어느 곳에 가든 사람들과 어울리지 못하고 충돌을 일으키는 사람 말이다.

어느 일터에 가든 꼭 있는 사람이기도 하다.
꼰대와 더불어 꼭….

한사람이 좋은 에너지를 발휘해 리더로 나아가려고 할 때 옆에서 비슷한 생각과 에너지를 내는 사람들이 모이면 상상도 못 할 시너지를 내는 경우가 있다.
반면, 좋은 에너지들이 모여 엔진을 달구고 밀고 나아가려고 할 때 일명 '폭탄'이 난 상관없다는 태도로 달구어진 엔진이 꺼지고 마는 경우가 있는 것이다.

다들 폭탄이 내 곁에만 안 오면 좋겠다는 마음이 있는 것 같은데….

다들 폭탄에 관해 이야기하고 고민할 때 나는 그 사람이 가진 문제는 그 사람이 인식하고 풀려고 해야지 다른 사람이 자꾸 문제를 고민하고 생각하면 그 사람의 문제가 어느새 내 문제가 되어 나를 괴롭힌다고 생각한다.

가능한 있는 그대로 그 폭탄은 놓아두는 것이 좋다.
있는 그대로.
그리고. 나 자신이 걸어가야 할 길만 생각해 보는 거다.
폭탄으로 인한 피해로 고민하지 말고 나 자신의 문제에 대해 고민해 보자.

내가 또 다른 폭탄은 아닌지,
오늘도 단 한 번뿐인 내 인생의 내 시간을 그냥 소비하지 않기 위해….

땅에 떨어진 돈을 줍자 딸이 물었습니다

오래간만에 딸과 함께 저녁 시간을 보내다 같이 집 앞 편의점에 가기로 해서 어두컴컴한 길을 가는 도중이었다.
깜깜한 밤이었지만 발밑에 부스럭대는 3,000원 1,000원짜리 지폐 3장을 발견하게 되었고 바로 그 돈을 줍자 딸이 놀라며 내게 물었습니다.

'어떻게 하시려고 그러세요?'
나는 바로 옆 아파트 경비실에 갖다 드리며 꼬마 아이들이 흘린 돈이니 찾으러 오면 주시라고 맡겼다.
딸이 다시 놀라며 왜 그걸 거기에 맡기냐는 거였다.
찾으러 오지 않으면 경비아저씨가 가질 수도 있다는 것이었다.

전에 5,000원을 주워 경찰서에 갖다 드리니 경찰이 너 용돈 하라고 다시 주었다고 했다.
그리고, 초등학교 때 선생님이 소액은 그냥 가져도 된다고 말했다는 것이었다.
나는 어떻게 이야기해야 할까 고민하다가 딸을 설득했다.
아무도 몰라도 너 자신은 알고 있지 않으냐?
그 얼마 안 되는 돈을 주워 가지려고 하는 순간 두렵고 고민하는 자신은 알고 있지 않느냐? 고 말이다.

사실, 소액이라 누군가는 그렇게 말했다고 해도 배고파 빵 하나를 훔치다 교도소에 가는 경우도 있으니 네 인생을 사소한 일에 거는 일이 없었으면 좋겠다.
정말 알고도 그런 일을 해야 할 때는 네 인생을 걸만한 가치가 있는 일이 있으면 고민할 수도 있지만 돈 몇천 원에 그런 고민을 할 필요가 없지 않으냐고 했다.

1시간가량 이 이야기로 가족 논쟁이 벌어졌지만 어떻게 하는 것이 옳은 것인가 대한 것은 정할 수 없었다.
다만, 서로 믿을 수 없어서 수많은 카메라를 달고 의지하며 사는 이 세상에 순간의 욕심으로 자신을 불안으로 몰고 가는 상황은 만들지 않는 것이 좋지 않나 싶다.
매일 매일 행복하게 살기에도 고민스럽고 짧은 인생인데.

드디어 새 옷의 주인이 생겼습니다

1년 전 내가 아는 학생들의 겨울 크리스마스 선물을 위해 모자가 달린 검은 색 모자 티(후드티)를 샀었다.
사는 김에 내 것도 같이 샀었는데, 갑자기 내 것은 주고 싶은 어느 학생이 나타나면 주어야지 하고 자동차 조수석에 놓아두고 다녔다.

그러기를 1여 년간, 운전할 때면 옆 조수석에 놓인 옷을 보면서 어서 나타나야 할 텐데, 과연 주인은 누가 될까? 하고 궁금해 했었다.

그 새 옷 주인이 나타난 것이다.
내 직장인 정신요양원에 항상 밝은 얼굴로 케어하는 선생님들에게 깍듯이 인사 잘하시는 남자분이 계시는데 말씀이 좀 어눌하시고 가족분들에게도 관심을 받지 못하고 외롭기도 하지만 무엇보다도 아주 조금 국가에서 간식하라고 들어오는 돈마저 받지 못하는 상황이라 다른 분들이 간식을 먹을 때도 입맛만 다셔야 하는 안타까운 분이 내 눈에 들어온 것이다.

내가 입는 것보다 저분에게 옷을 드리면 틀림없이 좋아하실 것 같다는 확신에 들뜬 마음에 옷을 갖고 낮잠을 자는 그분에게 가서 흔들어 깨웠다.

옷을 보여주고 겨울에 따뜻하게 입으시라고 했다.
처음에는 무슨 말인지 못 알아들으시는 것 같았다.

그냥 드리고 나왔는데 몇 시간 뒤 저녁밥을 드시러 식당으로 가시는데 그 옷을 입고 정말 환한 웃음을 지으며 그 옷을 입었다고 정말 수십 번 고맙다고 인사를 하시는 거였다.
그 인사는 일주일 동안 계속되었다.
알았다고 이제 그만 하시라고 몇 번을 말했는데.

그 해맑은 얼굴로 인사를 해주셔서 사실 얼마나 행복한 시간이 되었는지 모른다.
너무 감사한 시간이었다.
1년간의 기다린 보람이라고 할까?
내가 한 행동이 그렇게 대단한 일은 아닌 것 같은데….
1년간의 기다린 마음에 대한 보상(?)까지 충분히 돌려받은 느낌이었다.

우린 좀 더 친근한 사이가 되었고.
나는 또 다른 계획을 세우고 있다.

또 다름 아닌 더 큰 사랑을 받고 싶은 마음에….
즐거운 상상을 한다.

우린 관심 결핍증에 걸려있다

나는 집에 와서 혼자임을 확인하면 우선 TV를 켠다.
혼자 있는 것이 싫어서랄까?
그냥 보지도 않지만, TV를 켜고 소리를 들으면 좀 안심하고 할 일을 하는 습관이 있다.

내가 일하는 정신요양원에서 어느 날 한 분이 발에 각질이 너무 심해서 치료, 관리해 드리기 위해 팔을 걷고 나섰던 적이 있다.
나이가 들면서 피부가 건조해지고 잘 씻지 않거나 로션 등을 바르지 않으면 겨울에 발이 트거나 각질이 딱딱하게 굳어지는 경향이 있다.

얼마나 오래되었는지 발바닥 뒤쪽이 두껍고 딱딱하게 거북이 등처럼 각질이 자리를 잡았다.
뜨거운 물로 불리고 약을 발라 드리다가 어느 날 각질을 제거하는 기계를 사 와서 한 분에게 치료해드리던 차였다.
주위로 몇 분이 모이시더니 '나도, 나도' 하고 양말을 벗으시는 거였다.
그런데, 발을 보니 몇 분은 정상이기도 하고 내가 꼭 해드릴 정도로 심한 분들은 한 분 이외에는 안 계셨다.

괜찮다고 말씀을 드려도 굳이 발을 들이미시고….

줄을 설 판이었다.
문제는 발의 각질이 아니라 관심을 받고 싶으신 거였다.
누군가의 손길과 관심을 받고 싶으셨으려니 생각하니 안타깝기도 했지만 '오늘은 대기 손님이 많아 두 분만 하고 내일 하겠습니다.' 하고 말씀을 드렸다.

사실 현대인들의 질병으로 우울증, 강박증, 만성피로 등이 있다고 하는 데 누구나 경험했을 정도로 흔하고 무서운 병이 우울증이 아닌가 싶다.
우리는 누구나 힘든 시간을 보내곤 하는데 때론 누군가의 관심과 도움 없이는 힘든 순간들이 있다.
그 힘든 시간의 우울함을 잘 돌보지 않으면 아주 위험한 순간으로 나를 몰고 갈 수가 있는 것이다.
누군가의 관심과 위로 내지 다정한 말 한마디가 그 순간을 버티게 해주는 큰 힘이 될 수도 있다고 생각한다.
나 또한 홀로서기가 익숙지 않았을 때는 늘 여자친구나 친구들과 무리를 지곤했다.
사람이 그리웠고 사랑과 관심이 그리웠던 것 같다.

혼자 사는 이들이 점점 많아지는 요즘 어쩌면 더욱 관심과 사람이 그리워지는 때일지도 모른다는 생각이 든다.
우린 서로 기대어 살아가야 한다.
혼자서는 힘들고 외로워 일어나기 힘들 때 누군가에게 기대어 일어서면 훨씬 잘 일어날 수 있고 삶을 살아갈 희망이 생기는 것이다.
누군가의 이야기를 좀 들어드리다 보면 주위에 사람이 모인다.

자신도 이야기하고 싶으신 것이다.
내 이야기도 좀 잘 들어달라는 뜻이려니 생각이 드는 때가 있다.

혹 내가 외롭다는 느낌이 들면 주위를 보자.
그리고, 관심받고 싶어 하는 사람들 중 한 사람의 이야기를 들어주는 것이다.
그러면 어느 날 그가 내가 힘들 때 내 이야기를 들어줄 수 있을지도 모른다.
누구는 위험하다고 쓸데없는 일이라고 하지만 나는 믿는다.
내가 잘하고 있다는 것을.

이상과 망상의 차이

나는 늘 꿈을 꾸며 살아가려고 한다.
밤에 자기 전에 원하는 꿈을 꾸기를 바라기도 하지만 항상 원하는 일들이 이루어지는 꿈을 꾸고 산다.
전에는 이상주의자라는 말을 들은 적도 있다.
이룰 수 없는 꿈을 꾼다고 말이다.

그러나 이룰 수 없는 꿈은 없다고 생각한다.
한발자국, 한발자국 꿈을 향해 노력한다면 말이다.
꿈만 같던 일을 실제로 이룬 적도 많지 않은가.
물론, 그런 일들이 일어나면 늘 감사한다.

이루지 못하는 꿈이라면 그것은 망상이 아닐까 한다.
긍정적으로 무언가 이루어지기를 바라는 이상적인 생각이 아닌 '누군가 내 귀에 대고 말을 해요.' '난 그 말대로 해야 합니다.'
'큰돈을 벌면 다 할 수 있습니다.'
'내가 당선되면 여러분이 원하는 것을 모두 이루어 드릴 수 있습니다.'

어디선가 들어본 듯한 말일 수도 있다.

사실 이제 이런 말에 속아 넘어가는 사람은 없겠지 싶지만 지푸라기라도 잡아야 하는 상황이 되면, 어떤 욕심에 사로잡혀 있다면 망상적인 말이 내 모든 것을 앗아갈 수도 있다.

내가 꾸는 꿈들이 이루어지기 위해 노력하는 이상인지 이룰 수 없는 망상인지 깊이 생각해 보아야 한다.
사실, 긍정적인 이상이라면 비록 꿈같을지라도 많은 사람이 응원하고 도와줄 것이고 망상이면 정신 차리라고 말리는 상황이 될 것이다.

나는 짧다고 하면 짧은 내 인생을 망상이 아닌 이상적인 생각들을 이루어 가며 살기를 바란다.
많은 사람이 행복했으면 좋겠다라는 생각으로 시작된 생각들과 노력이 망상이 아닌 이상이 되었으면 한다.

비록 지금 내 소유의 집도 없고 많은 사람이 지지받는 정치가도 아니지만, 항상 행복을 위한 삶을 위해 생각하고 열정을 쏟아붓고 짜증내지 않고 웃으며 사람들을 만날 수 있는 여유도 갖고 있다.

나와 같은 생각을 하는 사람들이 단체를 이루고 소리를 내고 진실로 행복한 웃음을 지을 때 이상이라 생각하던 것들이 이루어진다고 생각한다.
오늘도 나는 희망한다.
내가 꿈꾸는 생각들이 망상이 아닌 이상이기를….

추운 겨울이 오면 봄이 기다려진다

12월이 되니 항상 뉴스가 끝나갈 즈음 날씨를 설명하는 아나운서가 내일은 영하로 떨어져 얼음이 얼고 강풍이 예상되니 조심하라고 말한다.
벌써 50번째 맞는 겨울이건만 저 아나운서의 말이 적응이 안 된다.
왠지 옆구리가 시려오고 두꺼운 패딩을 찾으러 일어서게 된다.

20대에는 겨울이 오면 첫눈이 오는 날 만나기로 했던 여친과의 약속 때문에 추운 겨울 첫눈이 기다려지고 크리스마스 선물로 무엇을 할까 고민과 생각이 머리에 꽉 찼는데….
코로나19로 크리스마스 캐럴 들은 지 몇 년은 된 것 같기도 하고.
겨울이 더욱 춥게 느껴지는 게 당연한지도 모르겠다.

1시간 거리에 무주스키장이 있건만 내일 아침에 길이 얼지 않아야 될 텐데 하는 생각이 나도 꼰데가 돼가는 건가 하는 생각마저 든다.
그래도, 펑펑 하얀 눈이 오면 따뜻한 차를 마시며 즐겁게 돌아다니던 시간도 있었는데….

12월 말인데 잎이 다 떨어진 시커먼 나무와 갈색으로 변해버린 산들을 바라보면 삭막한 느낌이 든다.

그리고, 아 봄은 언제 오지?
이 추운 겨울을 어떻게 지내지?
매년 하는 말을 중얼거려 본다.

봄이 오면 뿌리를 내리고 긴 겨울을 움츠려 지내던 냉이, 봄나물들, 생물들이 고개를 내밀고 나무들에는 잎을 벌리기 위해 신비한 눈이 달린다.
꽃나무들도 꽃을 피우기 위한 동그란 눈이 달리기 시작한다.
적어도 나에게는 그런 느낌이다.

만물이 따뜻한 에너지를 받기 위해 바쁘게 움직이는 느낌이 드는 것이다.
더불어 우리도 그들과 같이 에너지를 받아들이고 깨어나는 느낌이 든다고 할까?
왠지 봄이 오면 기다리는 모든 것들이 시작되고 이루어질 것만 같은 느낌이 든다.

그러기 위해서는 긴 겨울이 한몫을 하는 것일 수도 있겠지만.
어찌 됐건 생활이 넉넉지 못한 사람들에게는 겨울은 힘들기만 하다.
얼어붙은 손과 몸을 녹여가며 겨울을 나는 이들에게 겨울은 만만한 상대가 아니다.

추위에 몸은 움츠리고 이불로 들어가려 하는 내년 고1이 되는 딸에게 말한 적이 있다.
올해 겨울을 어떻게 보내는가가 너의 고등학교 생활 시작을 가늠할 수도 있다고 말이다.
긴 겨울을 봄을 위해 준비한 이는 봄이 오면 기대하고 다시 시작할 것들이 있으니 말이다.

아! 내년 봄에는 내가 꿈꾸고 기대하던 일들이 시작되면 좋겠다.
무척 힘든 일이 될 테지만 그 꿈에 기대어 행복한 생각을 하며 힘든 삶을 바로 서서 걸어갈 수 있을 테니까 말이다.
벌써 초록색 봄이 기다려진다.

기적과 운의 차이

사람들은 자연재해나 큰 사고의 현장에서 살아 돌아온 사람을 보고 '기적'이라 말하기도 하고 '운이 좋았다'. 라고 말하기도 한다.
어떨 때 '기적'이고 어떨 때 '운이 좋은' 걸까?
두 단어의 차이는 무얼까?
궁금해졌다.

어느 때부터인가 나는 나에게 일어나는 행복한 일들을 '기적'이라 말하기 시작했다.
비록 그것이 생명에 관계없는 사소한 일일지라도.
내가 생각하기에는 공부도 열심히 하지 않고 현실이, 환경이 힘들다고 불평하고, 삶은 방황하던 아이가 어느덧 수많은 세월의 힘듦을 이겨내는 법을 배우고 미술 선생님, 성당 교사, 지금은 사회복지사 선생님이란 직업을 갖고 사람들과 소통하고 그 안에서 사랑하며 살아가고 있지 않은가?
그건 나 자신이 볼 때는 '기적' 같은 일이다.

나는 한때 살아가기를 포기하고 삶의 끈을 놓아버린 적이 있었다.
세상을 원망하고 세상을 향해 불만을 쏟아낸 적이 있었다.

그러기에 지금같이 한 가정을 갖고 행복을 꿈꾸며 살아가는 것은 '기적'같은 일이다.
세상에 그러지 못해 힘들어하는 사람들이 얼마나 많은가? 말이다.

보통 사람들은 복권에 당첨되는 절대 일어나지 않을 것 같은 일이 나에게 일어날 때만 '기적'이란 단어를 쓴다.
심지어 죽을 뻔한 사고 속에서 살아와도 '운이 좋았다.'
라고 말하는 경우가 있다.

물론, 그 사람에 따라 쓰는 단어가 다를 것이다.
그것은 그 사람의 믿음에 달려있다. 라고 생각한다.
신에 대한 믿음이 있고 없고의 차이도 있겠지만,
자신에 대한 믿음.
자기 삶에 대한 믿음.
자신이 중요하다고 생각하는 것들에 대한 믿음.

우리는 자신이 할 수 있는 것들에 대해 잘 알고 있다.
자신에게 일어날 수 있는 것들의 정도에 대해서도 잘 알고 있다.
그 이상의 것들이 일어났을 때 내가 감당할 수 없는 일이 일어났을 때 그런 표현을 사용하는 것이다.

그런 것들에 대한 믿음이 있다면 그런 것들에 대한 애착이 있다면 단지 '운이 좋았어.'라고 표현하기에는 너무나 대단하지 않은가?
너무나 아름답지 않은가?
라고 반문하고 싶다.

그냥 그렇게 지나가 버릴 수도 있었는데. 내게 일어나지 않을 수도 있는데
세상에 감사한 마음이 들고 내 삶에 대한 애착이 강해지니 말이다.
모든 것에 대해 자신이 잘했어! 라고 말하거나, 누군가의 탓을 하거나, '운이 좋았어'라는 간단한 감정으로 일관해 버리지 말자.

내 삶의 안에서 일어나는 모든 것들에 대해 잘 지켜보아야 한다.
내가 사는 세상의 모든 것들에 대해 잘 지켜보아야 한다.
얼마나 '기적'같은 일이 일어나고 있는지.
나는 얼마나 그것들은 알아채고 감사하고 '기적'을 받아들일 준비를 하고 있는지.
우리가 모르는 사이 '기적'같은 일이 지나가 버리지 않게 말이다.

마더 테레사의 고통

나는 성녀 마더 테레사를 좋아한다.
아니 그녀를 존경한다.
마더 테레사는 우리가 아는 데로 가난한 이들을 위해 그 안에서 그들과 함께 살다가 죽음을 맞이했다.
그녀는 가난한 삶을 동경했고 그들의 아픔을 고통을 같이하려고 노력했다.

그녀에 관한 책들을 읽고 그렇다는 것을 알았고 20대 마더 테레사의 '죽음의 집'에서 일주일간 봉사를 하고 나서 그녀에 대한 존경심은 더욱 커졌던 것 같다.

우리는 그녀의 삶에 대해 주님의 말씀을 받아들이기 위해 자신을 주님의 몽당연필처럼 생각하고 항상 가난한 이들을 위한 삶을 살아가신 것으로 알고 있다.

그러던 어느 날 도서실에서 마더 테레사와 주교님과의 편지를 담은 책을 발견하고 온종일 그 책을 읽게 되었는데 나는 그녀의 삶이 주님 안에서 행복했을 거라고 생각했었다.

하지만, 그 책에서 그녀가 그녀의 생각과 의지를 전하며 허락을 구하는 오랜 시간 주교님과의 편지 내용에는 그녀가 얼마나 힘들고 고통스러운 시간을 보냈는가를 적어놓고 있었다.

가톨릭 안에서 한 수녀로 사는 삶이 아닌 가난한 이들과의 삶을 살아가기 위해 그녀는 주님의 말씀을 믿고 그 믿음을 전하며 자기 삶을 던져야 했고 그 허락을 구해야 했다.
그 모든 것들이 이루어지기 위해서 오랜 시간이 걸렸지만, 그녀는 흔들림 없이 그녀가 믿는 신에 대한 마음만으로 한 걸음 한 걸음 걸어나가야 했다.

그리고, 그 책에서는 때로는 어둠과 고통 속에서 오랜 시간 주님의 메시지가 들리지 않아 고통스러워했던 마더 테레사에 대해 쓰고 있었다.
그녀의 편지 내용이 그러했고 그러함에도 흔들림 없이 가장 가난한 이들을 위해 그들과 함께하기 위해 노력했다.

현실 속에서 우리는 주위에서 유명한 사람들, 훌륭한 사람들, 때론 거대한 기업 CEO들의 이야기를 들을 때가 있다.
때로는 부러운 마음으로 대하기도 하고 좋은 환경과 좋은 유전자를 물려받았기에 가능하겠다는 생각을 할 때도 있다.

우리는 그 사람들이 얼마나 많은 고통을 받았고 그 어려움을 이겨내기 위해 행했던 것들에 대해서는 기사 이외에는 알고 있는 지식이 없다.

가정에 무슨 일이 있는지 지금 얼마나 힘든 일을 버티고 있는지를 알지 못한다.

그냥 힘든 일을 버텨내고 지금은 행복하지 않을까? 라는 생각을 하는 것이다.
하지만, 언젠가부터 그 사람들이 그것들을 이루기 위해 얼마나 많은 것들을 버텨내고 얼마나 많은 희생을 치렀는지를 생각하게 되었다.

그리고, 어렵게 이루어낸 것들을 함께 나누기 위해 도움을 주었다는 기사를 접할 때 존경하는 마음이 들곤 하는 것이다.
그래서 그들이 대단해 보이는 이유인 것 같다.
그들처럼 되고 싶은 것이다.
어렵게 일구어낸 것들이 같이 쓰여질 때 더욱 빛이 나고 대단해지는 것이다.
내가 사랑하고 사랑받고 살아갈 수 있는 이유이고 방법이라는 생각이 든다.

어른이 되어간다는 것은

어느덧 50이 슬쩍 넘어가면서 드는 생각이 있다.
나이를 먹는다는 것은 무엇일까?
어른이 되어간다는 것은 어떤 것일까?

그냥 시간이 흘러가고 숫자가 하나씩 붙어 가는 것 말고 훨씬 더 가치 있는 의미가 있을 것이다.라는 생각이 들어서였다.
우리는 자주 TV에서 나이를 먹을 데로 먹은 사람이 추태를 부리거나 시민들에게 욕을 하거나 약한 사람들 여성들 노인들에게 갑질을 하다가 잡혔다는 소식을 접할 때 한심해하고 안타까워한다.

나이를 먹어가며 인생의 경험을 통해 세상의 이치를 알게 되어 사람들에게 모범이 된 모습을 보일 거란 생각을 한다.
하지만, 나이를 먹을 대로 먹은 사람들도 세상을 배울 대로 배운 학식이 있는 분들도 우리의 기대에 미치지 못하고 저급한 행위를 하다가 잡혔다는 기사를 매일 접하곤 한다.

나도 20대 세상을 향해 불만을 뿜어내기도 하고 30대 세상 이곳저곳을 다니며 세상살이에 합류하기 위해 한 사람의 존재를 알리기 위해 애쓰고 다녔던 기억이 있다.

그리고 이제 나이 들어가는 한 사람으로 꿈을 꾸는 청년들에게 힘든 삶을 살아가는 사람들을 위해 위로의 말을 하고 싶고 도움이 되는 행동을 하고 싶다고 생각할 때가 있다.

돈이 있는 사람이 행복해지고 나이 든 사람이 권력을 갖고 있어야만 힘이 있는 세상이 아닌 인생을 위해 필요한 충고와 사람들의 모범이 되는 행동을 할 수 있는 어른이 되어가야 하는 것이다.

우린 그렇게 아름답게 늙어가고 싶어 한다.
많은 사람이 존경을 받으며 많은 것을 갖고 있지는 않지만, 주위의 많은 사람과 함께 힘들고 가치 있는 일을 위해 노력할 줄 아는 사람으로 늙어가고 싶은 것이다.
자식들을 위해 헌신하신 한 가정의 아버지, 어머니로 기억될 수도 있을 것이다.
또는, 그냥 그렇게 나이가 들어 하루하루 힘든 세상을 걸어가는 어른일 수도 있을 것이다.

또는 세상에 이름을 떨칠 만큼 유명한 인생으로, 누구나 다 알만한 억만장자로 나이를 먹어가며 늙어가는 분들도 우린 알고 있다.
그리고, 때론 아무것도 없지만, 자신의 모든 것을 세상과 공유하며 살아가는 '어른'도 우린 알고 있다.

어떻게 나이를 먹어갈지는 나 자신이 정한다고 생각한다.
그 모든 것들을 위해 나 자신이 결정하고 인생을 살아갈 수 있다고 생각한다.

어느 날 갑자기 그런 것들이 정해지는 것은 아닐 것이다.
어떠한 모습으로 늙어갈지, 그 '어른'의 모습을 향해 우리는 나이를 먹어가고 있지 않을까 한다.

사실 오늘도 어떠한 모습으로 늙어가야 할지 나는 고민한다.
정말 잘 늙어가고 싶다.

여러분은 자존감이 높으신가요?

자존감의 사전적 의미는
'자아 존중감'의 단축어로 자신이 사랑받을 만한 가치가 있는 소중한 존재이고 어떤 성과를 이루어낼 만한 유능한 사람이라고 믿는 마음이다.
'자아 존중감'은 객관적이고 중립적인 판단이라기보다 주관적이 느낌으로 '자아 존중감'이 있는 사람은 정체성을 제대로 확립할 수 있고 긍정적인 뜻을 의미한다.

나 자신의 모습이 굉장히 만족스럽고 많은 사람으로부터 내가 하는 일에 대해서 잘한다고 칭찬받을 때가 있다.
그럴 때 왠지 내가 많은 사람을 위해 대단한 일을 한 듯한 자랑스러움도 있고 그동안 힘들고 고생스러웠던 일에 대한 보상을 받는듯한 내가 사랑받는 존재라는 행복감이 들곤 한다.
무슨 일이든 잘 할 수 있을 거란 나 자신이 나에게 드는 '믿음'이 있는 행복한 느낌이 든다.

반대로 정말 누구보다도 힘든 상황을 묵묵히 버텨가며 노력을 했는데 일이 만족스럽지 않고 그 누구도 나에게 관심을 보이지 않을 때 나는 깊고 어두운 상자 안으로 들어간 듯한 느낌이 든다.
심할 때는 스스로 빠져나오기 힘든 우울증에 시달리기까지 한다.
잘 할 수 있을 거란 생각은 하지만 나에 대한 자신감, 믿음이 바닥을 드러내고 아무렇지 않게 다시 출발선에 서기란 쉽지 않은 것이다.

그럴 때 기적 같은 일이 나에게 펼쳐지거나 누군가의 도움이 없다면 자존감을 다시 세우기란 정말 어려운 일이다.
이전에 정말 오랜 시간 우울증에 시달린 적이 있다.

오랜 시간 많은 것들을 갖추기 위해 노력해 왔는데 다른 사람들보다 나는 많은 가능한 능력을 갖추고 있는데 실상 하루하루 할 일이 없이 집에 있는 시간이 계속되고 생활비 부담에 가슴이 타들어 갈 때가 있었다.
나는 왜 이 상황에 이렇게밖에 할 수 없는 것일까?
내가 가진 많은 능력이 쓸모없다고 생각하기 시작했고 나를 점점 위험한 상황으로 몰고 가고 있었다.

다행히 그 힘든 고개를 넘어설 수 있었고 그 뒤로 가능한 긍정적인 생각만 하려고 했다.
조금이라도 내 머리 안에 부정적인 생각이 들어오려고 하면 지켜보고 털어버리려고 노력한다.
언젠가 그 생각은 내 머릿속 전체를 검은 먹물같이 흐려놓고 말 것이다.

긍정적인 생각과 긍정적인 말들, 가능하다면 긍정적인 사람들과 에너지를 주고받으며 자존감을 높여가는 것이 나를 스스로 자랑스럽게, 행복하게 만들 수 있지 않을까? 생각하고 있다.

내가 나 자신을 믿고 사랑할 때 우리는 무엇이든 불가능한 것을 가능하게 만들고 내 주변의 좋은 사람들과 함께 긍정적이 삶을 만들어 갈 수 있을 것이다.

사랑할 준비가 되었나요?

우리는 밥을 먹기 전에 밥을 먹을 준비합니다.
쌀을 씻어 밥을 얹히고 반찬들을 가지런히 접시에 덜어내고 찌개나 국을 끓이죠.
그리고, 맛을 음미하며 즐거운 대화를 나눕니다.

운동장에서 달리기를 하기 전에도 준비를 합니다.
끈이 풀려 넘어지지 않게 운동화 끈을 다시 메고 다치지 않게 몸을 풀고 출발선에서 달릴 준비를 합니다.

그런데, 사랑을 할 때는 어떤 준비를 하시나요?
그냥 외롭다고 나이가 되었다고 이성이 좋다고 사랑을 시작하지는 않는 것 같습니다.

우선 멋진 이성을 만나기 위해 두근거리는 마음으로 내 최고 멋진 모습과 제일 좋은 옷을 입고 마음에 드는 이성을 만나기 위해 준비를 합니다.
때론 마음에 드는 이성과 만남이 잘 안될 때도 있습니다.
그럼, 다시 만나기 전에 그 만남을 위한 준비를 다시 합니다.
서로에게 나눌 말도 생각하고 좋아하는 것도 준비하고 기다리는 법을 배웁니다.
그렇게 시작되는 사랑은 정말 가슴이 터질 것 같이 행복한 느낌을 줍니다.
행여 준비가 덜 된 사람이 사랑을 급하게 할라치면 상처를 받기도 하고 힘든 과정을 거칩니다.
그렇게, 상처받지 않고 달콤한 열매가 익어가듯 사랑을 하기 위해 많은 준비를 합니다.

서로에게 호감이 가지 않는 만남은 저에게 큰 의미가 없었습니다.
목적을 위한 만남이나 사랑은 상처를 주고받을 수 있습니다.
그래서, 사랑은 더욱 조심스럽게 다가가야 하고, 사랑스럽게 충분히 행복할 수 있도록 준비를 해야 합니다.
여러분은 그런 아름다운 사랑을 하실 준비가 되었나요?

돈이 없다고, 같이 살 집이 아직 준비가 안되었다고 미루고 있지는 않은지요.
많은 것들이 필요하지만 우선 제일 중요한 건 절실히 사랑할 마음이 있어야 하고, 사랑을 받아들일 마음의 준비가 필요하지 않겠습니까?
그런 사랑의 준비가 사랑하는 사람의 말을 이해하고 기다리고 함께 웃고 행복할 수 있는 기본이 되는 것 같습니다.

사랑하는 사람은 이 세상의 유일하게 나를 이해하는 내 편이라고 합니다.
행여 서로의 생각이나 기호가 다른 부분이 있어도 사랑하는 사람이 입가에 웃음을 지으며 사랑하는 눈으로 나를 바라보아 준다면 이해하고 들어줄 수 있는 마음의 준비도 해야 합니다.
멋진 사랑을 꿈꾼다면 꼭 사랑을 하기위한 준비가 필요합니다.

나는 바다를 꿈꾸는 민물고기다

나는 매일 큰 바다를 헤엄치는 꿈을 꿉니다.
많은 사람들과 함께 사랑을 느끼기 위해 나 자신을 만들어가는 꿈을 꿉니다.
많은 사람을 위해 노력하고 일하는 생각을 하며 행복해합니다.
그런 나 자신이 이상주의에 가깝다고 생각합니다.

하지만, 지금 나 자신은 아직 그런 큰 꿈을 이루기엔 모자란 것이 너무 많습니다.
아직은 하루하루 나에게 주어진 일에 최선을 다하고 한달 한달 생활비를 벌어 가족들과 함께 할 수 있기 위해 노력을 할 뿐입니다.
물론 그렇다고 희망도 없이 어떤 노력도 없이 막연한 바다를 꿈꾸고 싶지는 않습니다.

어떻게 도움이 될지는 모르지만 유리 작가로 좋은 작품을 제작하며 세상을 향해 나 자신을 알리고 있고 가난하고 도움이 필요한 사람들에게 도움이 되는 일을 좋아하기에 사회복지사로 일하며 조금씩 제 생각을 현실로 옮기기 위해 최선을 다하고 있습니다.

그런 모든 것들이, 그런 나만의 표현들이 작은 민물에서 밖에 살 수 없던 나를 바다로 이끌고 넓은 바다에서 살 수 있도록 이끌 것이라고 생각하기 때문입니다.
누구는 무모하다고 이야기하고, 때론 무시하고 많은 사람과 돈이 필요하다고 이야기합니다.
그 모든 것들을 나 혼자 다 감당할 수는 없겠지요.

하지만, 작은 민물에서 살며 자신의 한계를 한탄하며 살던 민물고기가 넓은 바다를 나갈 수만 있다면 그 불가능하게 생각하던 것들도 해결될 수 있다고 생각합니다.
그런 생각이 게으른 나를 부지런하게 만들고 우울한 나를 긍정적으로 이끕니다.
큰 바다에서 바다처럼 커다란 사람들을 만나서 그들과 함께 꿈을 꾸는 날을 기다립니다.
나는 바다를 꿈꾸며 행복해하는 민물고기입니다.

일본에서 쓰러진 날

20대 후반 가진 것 없이 하고 싶은 일을 하겠다는 열정만으로 뛰어든 일본 유학.
우리 부부는 사실 몇 년간 힘든 노동과 학업, 부실한 끼니로 많이 야위어 갔었다.

그래도, 와이프가 먼저 일본 유리 조형 연구소(유리 작가 양성)에 입학하게 되었고, 나는 생활비를 벌기 위해 1년을 일하며 서포트(suppote, 다른 사람을 지원하거나 격려)를 하게 되었다.
특별한 학교로 학교 비용이 전액 무료이었고 외국인은 1년에 1명으로 제한이 있었다.
내년을 기약하며 시간이 나면 스케치를 하고 입학시험 준비를 하며 생활비를 벌기 위해 일본 음식점에서 아르바이트를 해나갈 때였다.

1평 남짓한 주방에서 온종일 설거지를 하고 음식을 만들기를 몇 달 어느 날 주문이 미친 듯이 폭주하던 날 숨을 쉴 수가 없는 고통을 느끼며 쓰러졌다.
간신히 정신을 차리고 스스로 화장실로 기어가서 세수를 한 후 어떻게 집에 돌아갔는지 기억이 없었다.

그다음 날도 쇠약한 몸은 회복이 안되었고 병원에 가서 급하게 영양제를 맞았던 걸로 기억한다.
그런데, 한국인이라고 우리 둘밖에 없던 그곳에 와이프가 작품평가회가 바쁘다고 나를 돌보지 않은 것이다.
나는 너무 상심했고 결국 한국에 돌아가겠다고 말했다.
그만큼 힘들고 서로를 이해하지 못했던 것 같다.

지금에서야 말할 수 있지만 마음에 큰 상처를 입은 나는 혼자 성당을 찾아갔고 홀로 빈 성당에 앉자 속마음을 이야기했다.
나오는 길에도 갈 데가 없었고 텅 빈 마음에 수녀님을 붙잡고 하소연을 했었다.
이탈리아 수녀님으로 칠순이 넘은 키가 아주 작은 조그만 할머니 같은 느낌이었다.
나는 수녀님에게 아무도 힘든 나에게 관심을 주지 않음에 슬퍼한다고 말했고 수녀님은 내 이야기를 다 들어주시고 내게 집으로 돌아가라고 말했다.

정말 힘들겠지만, 가톨릭 신앙에서 가장 중요하고 소중한 건 가정공동체라고 말했다.
돌아가서 와이프에게 너의 마음을 너의 상처 입은 몸과 마음을 잘 말하고 와이프와 화해하라고 말씀하셨다.
지금 이 순간 너무 힘들겠지만 다 지나갈 거라고….
두 사람이 이 힘든 시간을 함께하고 의지하고 잘해 나갈 수 있을 거라고 말씀하셨다.

그리고, 터덜터덜 나는 집으로 돌아왔다.
그전까지 자신의 말만 주장하던 와이프가 내게 조심스럽게 미안하다고 말했고, 나는 결국 며칠이 지나서 받아들이게 되었다.
그 뒤로 우리는 더욱 서로를 위해 조심하고 더욱 서로를 위해 신경을 쓰고 배려하는 사이가 되었다.
정말, 싸우면 서로에게 실망해도 갈 곳이 없었다.
말할 상대가 없었고 우리 둘뿐 이라는 것을 실감하는 시간이었다.

지금은 한국에서 살고 있지만 그때의 그 힘든 시간의 교훈을 우리는 잊지 않고 산다.
서로의 인생을 위해 가장 중요한 가정을 위해 무엇보다도 최우선으로 생각하고 배려하려고 노력한다.
그리고, 감사하게 생각한다.
지금은 안 계시겠지만 그때 내게 가정의 소중함을 말해주고 집으로 돌아가기를 권하던 작은 이탈리아 수녀님을.

가톨릭 성지조성 기부전시회

10년 전 작품을 제작하며 전시회를 꿈꾸고 주문 제작 전화만을 기다리며 전업 작가 생활하던 때였다.
이미 몇 년 전 처음으로 가톨릭 유리작품을 제작해 성당에 전시되며 많은 사랑을 받았지만, 생활에 도움이 되는 상황은 아니었고 대출을 받으며 근근이 작가 생활을 유지하며 정말 심적으로 힘들 때마다 갖고 있던 유리가 있어 평소 만들고 싶었던 가톨릭 작품들을 제작하고 있었다.

심적으로 힘들어서 그 힘듦을 잊기 위해 만들기 시작한 게 한 1여 년간 6점 정도가 제작되었는데 정말 돈이 필요한 때였고 그만두고 직장이라도 다녀야 하나 하고 고민할 때였다.
사실 모든 작업을 하는 사람들의 꿈은 작업실을 갖는 것이 첫 번째 꿈이고 그다음은 작가 생활을 유지하기 위한 주문 제작 또는 수입처가 있어야 했다.

버틸 만큼 버티다가 부탁이니 천만 원만 있으면 좋겠다고 기도처럼 말할 때였다.
그때 알고 지내던 작가 선생님으로부터 갑자기 한 통의 전화가 왔고 경남 어느 곳에 가톨릭 성지(성인들을 모셔놓은 곳) 조성을 위한 전시회를 준비 중인데 전시작품 판매나 기부금을 모아 성지조성에 쓰일 거라고 하시면서 저의 이야기를 듣고 문의를 하셨다고 한다.

제작해 놓은 작품이 좀 있느냐? 고 물으셨고 같이 전시회에 참여했으면 좋겠다는 제안이었다.
나는 제작해 놓은 작품 6점을 전시하게 되었고 내 작품은 유일한 가톨릭 유리작품(성물)으로 많은 사람의 사랑을 받았다.

나는 가능하면 개인보다는 성당이나 공공장소에서 전시되기를 바랬고 성지 조성을 주최하시던 신부님께서 재료비를 주시고 작품은 많은 사람이 볼 수 있는 곳에 전시 될 것이라는 말씀과 함께 작품은 내 손을 떠났다.

하지만 아직 작품은 한 장소에 놓이지 못하고 어느 한 곳에 보관되어 있다.
그 6작품은 내겐 소중한 작품이었고 그 중 한 작품은 지금껏 내가 만들었던 작품 중 가장 많은 사랑을 받았고 아직도 그 이상의 작품은 내놓지 못하고 있어서이다.
이미 내 손을 떠났기에 내 것이 아니지만 그 작품을 제작할 때의 생각과 느낌 그 시간을 나는 선명하게 기억하고 있다.

그리고, 6개의 작품이 재료비를 제외한 제작비는 받지 않고 봉헌되었는데 신부님께서 내게 주신 재료비는 내가 필요하다고 기도하듯이 말한 천만 원에서 조금 모자란 950만 원이었다.
그 모든 일들이 단 일주일 정도 만에 일어났고 나는 다시 작업과 생활을 유지할 수 있었다.
그저 나는 내게 일어나는 모든 것들에 대해 감사해했다.

지금은 그때와 다른 상황에 다른 작업을 진행하고 있지만 나는 언제든 작품전시회를 위해서 작품을 만들고 언제고 내가 상상하지 못하는 일들이 일어날 수 있다고 생각한다.
그리고, 그때를 위해 준비하고 감사하는 마음으로 살아가고 있다.
우리는 자신이 꼭 필요한 존재로 무엇인가를 위하여 살아가고 있다는 것을 잊지 않는다면 훨씬 행복한 삶을 살아갈 수 있을 것이다.

나는 50에 사회복지사가 되었다

참으로 힘들고 긴 인생이다.

먼 나라를 떠돌며 배고픔과 힘듦을 견디며 새로운 인생을 시작할 문화를 배우고 돌아왔건만 다들 힘들다고 고개를 흔드는 일들을 수없이 견뎌내고 도전해 왔건만 나이 50에 다시 출발선에 섰다.

두렵다.

잘 할 수 있을까?

20대 30대 40대에도 세대마다 다르지만, 용기가 있었는데.

50대 사회가 날 인정하고 받아줄까? 걱정이 앞선다.

50에 진입하기 전 생각한 바가 있어 1년 반 사회복지사 자격증을 따기 위해 공부해 왔었다.

도움이 필요한 사람들을 도우며 인생을 살아갈 수 있다는 매력이 있지만 주변 사람들이 정말 힘들다고. 그만둔 사람들이 입을 모은다.

그래도 나는 할 수 있을거야, 스스로 다독거리며 온 길이다.

그리고, 이제 사회복지사를 원하는 여러 회사, 단체에 이력서를 써냈다.

노인들, 아이들, 장애인, 사회의 도움이 필요한 약자들이다.

우리 사회가 고령화로 들어서면서 나이가 들어 안정된 생활을 즐기기 보다는 보다 나은 생활을 이어가기 위해 새로운 직업에 도전하시는 분들을 이제는 쉽게 주위에서 볼 수 있다.
새로운 창업을 하시거나 가게를 오픈하시기도 하고 다시 회사에서 필요로 하는 일자리를 찾아 취업하시는 분들이다.
그러나, 어느 하나 젊은 친구들에 비해 봉급은 적고 일이 쉽지 않은 건 사실이다.
인생의 경험으로 인내와 생활고로 파이팅하며 양어깨에 다시 짐을 지어보지만 힘들게 걸어온 인생의 보상이란 느낌보다 가장으로서의 길이 좀 더 연장된 느낌이랄까?

그러나, 누구 한 명 불평 하는 이 없이 스스로 그 짐을 짊어지고 가는 것이다.
때론, 나이가 많다고 거들떠보지도 않는 곳도 있었지만, 다행히 나를 선택해준 곳이 있었고 나는 다시 사회 초년병으로 출발선에 설 수 있게 되었다.
정신요양원.
언제나 느끼는 거지만 내가 무언가를 해서 도움을 드리는 것보다 배우고 받는 것이 많다.
그래서. 나이가 들어도 계속 일을 하고 삶이 지속되는가 보다.

50에 들어서서 다시 새로운 직업을 선택하거나 정년까지 일을 계속해 나가는 것도 큰 용기가 필요했으리라.
때론 뉴스를 통해 어렵게 시작한 가게나 회사들이 코로나로 또는 경기가 좋지 않아 문을 닫았다는 소식을 접하기도 한다.

가장의 무게가 더 힘들게 느껴지는 소식이다.

하지만, 가장들은 굴하지 않고 일어설 수 있는 방법을 찾아 보리라 생각한다.
다시 출발선에 설 수만 있다면 더 무거운 짐도 마다하지 않고 지고 가려 할 것이다.
대단한 용기이고 어디서 어떻게 그런 것들이 나오는지 감탄하지 않을 수 없다.

내가 걸어 온 길이 잘못되었다거나 후회하고 싶지 않다.
그 시간이 있었기에 지금의 나는 용기를 내서 다시 새로운 길을 가고 있지 않은가?
어쩌면 60에 또 다른 시작을 해야 할지도 모른다.
지금보다도 훨씬 힘든 시작일지도 모르겠다.

그냥, 언제나처럼 운동화 끈을 질끈 매고 멀리 내다보며 뛸 준비를 하는 것이다.
일등을 하려는 것이 아니다.
움츠리지 않고 불어대는 바람을 맞으며 당당하게 달려보고 싶은 것이다.

내 아이는 무엇을 좋아할까?

우리 부부는 미술작업을 하는 부부다.
와이프는 미술 학원을 운영하며 어린 친구들, 중고등부 청소년들, 때론 일반인 미술교육을 하고 있고 시간이 나면 개인 작업을 한다.
나는 예전에 수년간 미술강사로 학교 수업을 하고 미술에 관련된 작업을 하고 다양한 색을 그리고 미술작업을 좋아한다.

그리고, 우리 딸은 중3으로 미술은 물론, 여러 분야를 좋아하고 그것들을 시도하고 포기하고 그러고 있다.
이 부분이 팩트이고 중요한 것 같다.
내 아이에게 정말 딱 맞는, 본인이 적성에 맞고 좋아하는 교육을 하며 밀어주고 싶지만 정말 어렵다는 것이다.
그게 미술에 관련된 분야라도 말이다.

쉽게 말해서 이 친구가 어떤 분야를 좋아하고 재능이 있는지 우리처럼 미술을 좋아하는지 그러면 어떻게 교육하고 어떻게 길을 열어주어야 하는지에 대해서.
정말 어렵고 우리 부부는 고민하고 많은 것을 제안하고 딸과 이야기하고 있다.

욕심처럼 좀 더 전문적인 교육과 준비를 말해도 때론 관심 없는 듯 시큰둥하고 또 갑자기 아이돌처럼 노래와 춤에 빠져 시간을 보내다가 다시 다른 걸 해보고 싶다고 하고 그래서 그런지 우린 아이를 늘 지켜보고 대화를 시도하기도 한다.

주위에 아이들을 키우시며 힘들어하시는 부모님들이 물어 온다.
어떻게 하면 내 아이가 좋아하고 재능있는 분야의 교육을 할 수 있을까요?
정말 어려운 질문인 것 같다.

사실 내가 어렸을 때부터 받아온 교육이란 초·중, 고 의무교육이 전부고 부모님도 사실 삶이 힘들어 자식들의 교육에 큰 관심이나 지지해주지 못하셨다.
그냥, 나 자신이 스스로 자신의 것을 경험하고 시도하고 찾아보며 걸어온 것 같다.
시대의 흐름이 때론 공부 성적을 중시하기도 하고 때론 경험을 때론 자신의 것을 중요시하기도 한다.
사실 일관되게 흐름이 지속된 것은 아니고 거기에 답지처럼 정리되어 있는 것도 아니다.
또, 우리는 각자 다름이 있고 공부를 잘하는 아이가 있는가 하면 예체능을, 수학을, 문학이나 경제적인 부분에 관심이 있거나 잘하는 아이가 있다.

또 나라마다 교육관이나 부모들의 교육에 관한 생각도 다르다는 것을 알았다.

그러나, 우선 우리 부부가 가장 먼저 중요시하는 부분은 내 아이에게 시키고 싶은 것을 먼저 주입하는 것이 아니라 아이의 선택을 믿고 지켜보며 아이가 좋아하거나 싫어하는 것들을 찾아내는 것이었다.

물론, 그럼에도 불구하고 아이는 정확하게 좋다거나 싫다고 말해 주지 않는다.
정말 부모의 관심과 교육관이 필요하다고 생각하는 것이다.
사실, 학교 과정에 모든 부분이 조금씩 포함되어 있고 예체능 쪽도 학원을 통해 아이의 관심과 재능을 판단할 수 있다.

좀 더 믿고 관찰하고 아이의 마음을 헤아리며 대화를 시도해 보면 그렇게 어렵지만은 않다고 본다.
오히려 그 부분을 어떻게 살려주고 Support(지원)를 해 줄 것인가는 깊이 고민해야 할 것이다.
큰 비용이 들어갈 수도 있고 또 다른 욕심에 그릇된 길로 몰아갈 수도 있는 것이다.
미래에 그다지 희망이 보이지 않는다고 인기 분야가 아니라고 왜 그런 것을 하려고 하느냐고 말하는 경우도 생길 것이다.

많은 걱정이 앞서는 것도 당연하다.
하지만, 우리가 힘들게 인생을 살아왔듯이 그것들은 그 아이의 인생이라고 생각한다.
그 아이의 몫인 것이다.
부모라고 그 인생을 대신 살아주거나 어떻게 바꿀 수도 없다.
잘 되는 것도 잘 안 되는 것도 그 아이가 할 수 있는 선택이다.

그저 우리는 아무것도 하지 않고 포기하거나 나쁜 길로 빠지지 않게 잘 지켜보아 주면 된다.
우리 아이는 시골 환경에서 자라나 대학교는 큰 도시에서 다니고 싶어 한다.
우린 하나뿐인 딸이지만 대환영했고 서울로, 나아가 다른 나라로 갈 수 있는 길이 열렸으면 좋겠다고 말했다.
걱정도 비용도 위험도 그만큼의 성장도 모두 아이와 부모가 나누게 되겠지만 아이의 선택에, 인생에 도움이 되었으면 한다.

그 다음은 그 아이의 몫이다.
아무것도 부모가 할 수 있는 것도 할 것도 없다.
'우리 아이가 무엇을 좋아하는지 모르겠어요.'
당연할지도 모른다. 그만큼 어려운 이야기이고 부모로서 잘 지켜보고 대화하고 시도해 보는 것이다.
그리고, 믿고 기다려 보자. 또 무슨 이야기를 하고 듣고 싶어 하는지.

십자가가 가슴속에 들어오던 날

내 새로운 인생을 위해 일본 유학을 떠나기 전 내 종교 생활이란 그저 주말에 한번 성당에 미사를 가는 게 전부였다.
다른 종교적 활동은 없었고 그다지 종교에 대한 믿음도 많지 않았었던 것 같다.

그러던 어느 날 일본의 생활이 밤을 새워 아르바이트를 마치고 돌아와 잠깐 자고 다시 어학교를 가는 생활이 반복되기를 거의 1년여 몸무게는 55kg 정도로 바싹 마른 체형으로 묵묵히 한 걸음 한 걸음 내딛고 있을 때였다.

갑자기 1월 15일 생일날 와이프가 작은 선물 상자를 내미는 것이었다.
서로 생일을 챙겨 줄 수 있는 상황이 아니라 놀랍기도 했지만, 조심스럽게 작은 상자의 뚜껑을 열었다.

거기에는 은으로 된 십자가 목걸이가 들어 있었다.
조금씩 돈을 모아 어느 날 큰마음 먹고 산 거라고 했다.
난 박스를 연 순간부터 아무 말도 하지 않았고 그냥 닭똥 같은 눈물을 흘리기 시작했다.
분명히 그 순간을 기억하지만 아무런 생각도 아무런 감정도 없었다.
그냥 하염없이 울었고 마침내 꺼이꺼이 소리 내 울었다.

와이프는 그런 나를 처음 보았다고 했고 그런 나를 지켜볼 수밖에 없었다고 했다.
왜 그랬는지는 모르겠다.
나중에 돌이켜 보면 내가 선택했던 힘들고 무거운 상황들에 대해 말도 할 수 없었던 나에게 그때 십자가 목걸이를 본 순간 무너져 버린 것이었다.
그냥 기대고 의지하고 싶었던 것이었다.
울음을 멈추고 잠시 진정되었을 때 정말 가벼운 마음이 들었던 것도 기억한다.

그렇게 주님의 십자가는 내 가슴에 들어왔다.
그 뒤로도 나는 힘들고 어려울 때마다 성당을 찾아가 혼자 기도하는 일이 생겼다.
몇 년 뒤 십자가 목걸이는 대중목욕탕 어디엔가에서 잃어버렸다.
하지만 내 가슴속에 십자가 목걸이는 그대로 있다.
매일 잃어버리지 않기 위해 기억하기 위해 나는 소중하게 간직하고 있다.

그날을 신기하기도 하지만 소중하게 간직하고 우리 삶에 누구에게도 나 자신이 힘들어 의지하고 싶을 때 '믿음'이 '사랑'이 찾아오는 경우가 있다고 생각한다.
그것들을 그냥 온전히 받아들일 수만 있다면 큰 힘이 될 수도 있는 것이다.

나는 가끔 신자 분들이나 개인적인 선물을 해야 할 때 작은 '성물'이나 좋은 '말씀'을 주곤 한다.
그 '성물'이 '말씀'이 그의 가슴속에 큰 위로가 되기를 바라면서 말이다.

담배와 술을 끊었다

요즘은 담배를 피우는 곳이 정해져 있고 담뱃값이 많이 올라 흡연가들은 많은 불편을 감수하고 피고 계신다.
그리고, 예전에 비해 술 마시는 문화도 많이 바뀌어 술을 마시는 횟수도 양도 많이 줄었다고 생각한다.

가끔, 내게 술도 담배도 안 하니 무슨 재미로 사느냐고 물어 오시기도 한다.
그러면, 조금은 마시기도 하는데 저랑 마시려면 옆에 앰블런스 대기시키고 마셔야 한다고 하면 고개를 절레절레 흔드신다.

사실, 담배는 대학 가서 피우기 시작해서 군대 가서 많이 피웠었던 것 같다.
군대에서는 1인당 담배 배급이 나왔었다.
처음에는 솔이 나왔고 나중에는 조금 건강에 좋다고 하는 88이라는 담배가 나왔었다.
그러니 휴식 시간이나 할 일 없는 군인에게 담배는 필요한 기호품이었다.
제대하고도 흡연습관은 이어졌다.
그러다 일본으로 유학을 갔는데 담배가격이 국내 담배가격의 2백 이상이었던 것으로 기억한다.

생활비도 빠듯했던 유학생에게 담배란 사치품과 같았고 어쩔 수 없어 끊어야 했는데 그 이후로 담배를 피우지 않게 되었다.
술은 잘 마시지 못하면 직장생활이 힘들었던 시대라 직장 회식 때에도, 친구를 만나도, 모임에도 빠질 수 없는 것이 술이었고 누구보다도 많이 누구보다도 마지막까지 마셨던 기억이 있다.

정말 술을 잘 마신다고 생각한 그때쯤 아침까지 술을 먹고 토하던 날 쓰러졌고 결국 앰블란스에 실려 병원에 갔었다.
몸이 뒤틀려 꼬이는 증세가 있었고 의사는 탈수라고 했다.
그 뒤로도 사람들을 만나 흥이 나면 술을 마셨고 기분이 좋아지면 술잔을 돌렸는데 여러 번 앰블란스에 실려 가다가 더 이상 사람들에게 그런 모습을 보이고 싶지 않아졌다.

어쩌면 간이 좀 약해서 해독을 못 할 수도 있고 너무 많이 마셨을 수도 있지만 그렇게 술자리 대신 차를 마시는 습관이 늘어갔다.

그리고, 술이나 담배는 비용도 그렇지만 습관처럼 지속되어야 하는 부분이 있다.
어느 해는 정말 술을 좋아하는 직장 상사 덕분에(?) 주말을 제외 매일 술을 마셔야 했다.
그런데, 술을 안 먹었던 주말 무언가 허전한 기분에 혼자 술을 마시고 있던 자신을 발견했다.

담배는 더욱 그렇고,
결국, 담배와 술로부터 자유로워진 부분도 있다.

시간적으로 경제적으로 좀 자유로워지고 하고 싶은 다른 일로 채워질 수 있으니까.

하고 싶은 것이 많았고 자기 생각과 가치관에 관한 관심과 열정이 술과 담배 대신 채워져 갔다.
물론 지금도 특별한 날, 특별한 모임에는 막걸리 한잔, 맥주 한잔, 와인 한잔 등 분위기를 즐기기도 한다.
한잔도 못 해서 정말 좋은 시간을 아쉽게 보내고 싶지는 않으니까.

꼭 술이 있어야 하는 것은 아니지만 시간이 많지 않은 아버지와의 한잔, 좋은 사람들과 더운 여름 시원한 맥주 한잔, 와이프 생일 와인 한잔은 내 삶을 더욱 풍요롭게 하는 경우도 있으니까.

자신의 의지로 끊는 것이 힘들다고 하시는 분들도 많이 계시기에 어쩌면 나는 운이 좋았다고 생각하기도 한다.
하지만, 지금은 정말 나 자신이 원하는 삶의 시간을 가질 수 있는 것이 행복하다는 생각이 든다.

만남과 운명

사랑하는 사람과의 만남을 우리는 '운명'적인 만남이라고 부른다.
누구나 기대하고 그런 사람과의 만남을 꿈꾸기도 한다.

또한, 일상적인 생활 속에서도 직장에서도 모임에서도 새로운 사람과의 만남을 가진다.
그건 내가 원하고 선택해서가 아니고 필연적으로 자연스러운 만남이 되는 경우가 많다.

우리는 그런 만남을 운명이라고 부르지는 않지만, 그 또한 중요한 만남임이 틀림없다.
자주 보게 되는 사람이기도 하고 내 인생에 많은 시간을 많은 부분을 차지하기도 한다.

그러면, 오늘 저녁 준비를 위해 들른 마트에서 마주친 사람들은 어떨까?
스쳐 지나갔기에 다 기억하지는 못하지만 내 주변에 사는 사람들일 것이다.
때론 그들을 다른 장소에서 다시 만나기도 한다.
그냥 무시해도 되는 사람들일까?

내가 사랑하는 '가족'은 운명적인 만남일까?
매일 만나게 되며 '행복한 가정'이란 이름으로 만나는 와이프, 내 아이들은 어떤 운명으로 같은 공간에서 살게 된 것일까?
때론 행복이란 이름으로 공감대를 힘든 시간을 같이 보내기도 한다.

당연히 사랑해서 만난 여인과의 관계에서 태어난 아이들이고 집 주변 사람들이고, 직장인들일 수도 있다.
하지만, 내게 당연하게 생각되는 것들이 객관적인 시각에서 생각하게 될 때가 있고 질문이 주어질 때가 있다.

종교에서 말하는 대로 만날 수밖에 없는 그런 운명적인 만남이었는지도 모른다.
전생에 서로 인연이 있어 다시 만나게 됐을지도 모른다.
그리고, 분명한 건 그들과 더불어 내 인생을 살아가게 되고 어느 날이 되면 홀로 되는 시간을 맞이하게 된다.
삶을 위해 떠나기도 하고 죽음을 맞이하여 홀로 남겨지기도 한다.
그렇게 남남으로 만나서 다시 기억 속에 존재하는 남남으로 살아가게 된다.

내가 죽을 만큼 힘들 때 아무도 없다고 생각할 때 나를 도와주고 떠난 인연들도 있다.
분명 내가 명확하게 말할 수 없는 그런 운명들이 있지 않겠냐는 생각을 해보게 되는 순간들이 있다.

사실 이 글을 쓰면서도 이해하지 못하는 분들도 있을 수도 있고 어떻게도 설명하기 어려운 부분이 있는 것은 사실이지만 언제부터인가 이런 생각을 하며 살아가게 되었다.

정말 그렇다면 모두가 제한된 시간 속에 주어지는 운명적인 만남이라면 그 시간 안에 최선을 다해서 그들을 대하고 싶고 좋은 모습으로 좋은 만남을 가졌으면 좋겠다는 생각하고 있다.

나이가 들어가며 주위에 돈보다 좋은 사람들을 만나고 그들과 함께 살아갔으면 하는 생각이 더 절실히 든다.
하지만, 반대로 나이가 들어가면 그런 사람들을 만나기도 힘들고 그런 좋은 이미지로 관계를 유지하기는 더욱 힘들다.

그래서일까 내가 지금 만나고 있는 사람들.
내가 지금 관계를 형성하고 있는 가족들. 사람들.
분명 지금 내게는 가장 좋은 사람들일 테고, 가장 중요한 사람들일 것이다.
그들이 언젠가는 내 곁을 떠나게 될 것이다.
그것이 내가 말하고 싶고 그들과 함께하고 싶은 이유이다.

집 안에 또 집이 생겼다

며칠 전 와이프와 딸이 쥐새끼 한 마리를 키운다고 가져왔다.
물론, 아는 지인에게서 부탁받은 거라고 하며 그 쥐가 살 수 있는 커다란 케이스와 먹이 잠잘 집 등 분주하게 준비하기 시작했다.

딸은 내게 쥐가 아니고 꼬리가 짧은 반려동물로 햄스터와 같은 종류라고 했다.
이름은 '뭉치'라고 했다.
몇 달 전에는 고슴도치가 몇 년간 집에서 키워지다가 눈물로 집을 떠난 적이 있다.

예전에는 집안에 가족처럼 여기는 '반려견'이나 고양이를 모시는 '집사'란 명칭으로 홀로서는 사람들에게 친근한 동물이 우리의 생활에 같이하는 문화가 있었다.

그리고, 현재는 TV를 통해서만 보던 동물이나 파충류 어류 식물들이 인간과 교감과 공감을 나누는 문화가 되었다.
나는 개인적으로 동물을 좋아하지만 사는 곳이 아파트인 관계로 가족들에게 양해를 구하고 단독주택에서 살게 되면 동물들과 같이 살 수 있을 거라고 말하곤 했었다.

자연스럽게 며칠 후 좁은 딸아이 방안에 가로 1m 세로 50cm의 커다란 투명한 아크릴로 된 집이 도착했다.
조그만 쥐에게는 마치 저택 같은 느낌이 들만한 공간이고 그 안에는 푹신한 바닥재 위에 화장실, 물통, 모이통, 놀이기구, 집 2채 내가 꿈꾸던 저택 같은 공간이 마련되었다.

딸아이는 내 어떤 말도 들리지 않았는지 크게 기뻐하고 귀여운 쥐(?)에게 잘 대해주라고 신신당부했다.
주위의 지인분들의 집에 놀러 가도 개나 고양이는 물론 반려동물을 특별하게 다루고 가족처럼 이야기하는 경우를 흔히 보고 들은 뒤라 그리 놀랍지도 않았다.

예전에는 쥐가 인간에게 해로운 바이러스를 옮긴다 해서 꺼렸는데 지금 그 이야기를 하면 무슨 이야기를 들을지 몰라 꿀꺽 삼키곤 했다.
혼자라 외로워서 더욱 그런가? 라는 생각이 들 때도 있고 하지만 난 아직 내 방도 없는데 가끔 우리 집 쥐가 부럽게 보이는 때가 있기도 하는 건 왜인지 모르겠다.

'뭉치'가 온 뒤로 무엇이 그렇게 재미있는지 와이프와 딸은 저녁 식사 뒤 저택(?)에 붙어서 이야기하며 깔깔대고 웃는 날이 많아졌다.
거실에서 TV를 보다가도 궁금하고 혼자 뻘쭘해져서 조그만 모이용 치즈를 들고 같이 붙어 모이를 주기도 했다.
신기하게 쥐같이 생겼는데 사람을 잘 따르고 하얀색을 한 게 깨끗한 이미지를 갖고 있었다.
그래서, 사람들이 좋아하는구나. 싶었다.

가족들이 함께 모여 웃고 이야기할 수 있는 반려동물이 집안에 같이 살고 있음을 받아들이게 되었지만, 그 친구가 우리 집에 오게 됨을 고맙게 생각하게 되었고 부탁이 있다면 좀 오래 살아서 가족들이 좀 더 웃고 떠들 수 있는 시간을 만들어 주었으면 하는 마음이다.

일일 찻집

고등학교 시절에 떠오르는 추억 중에 '일일 찻집'에 대한 기억이 있는 분들이 있을 것이다.
생소한 문화지만 모든 게 제한적이고 술도 연애도 마음껏 할 수 없는 학생의 신분으로 커피숍을 하루만 빌려 학생들이나 친구들을 위해 서비스하고 돈을 버는 재미있는 문화가 있었다.
비밀리에 아이들 사이에 알려지고 암암리 친구들끼리 연인들끼리 방문해 돈을 내고 차를 마시는 문화의 한 부분으로 나름 자신들의 소리를 내는 표현 같은 거였다.

매출이 잘 나오면 나름 큰 용돈을 벌 수도 있었고 사회적 경험은 무료, 하지만 매출이 잘 안 나와서 비싼 수업료를 무는 일도 있었다.

내가 성당 중고등부 교사를 할 때였다.
성당 안에 1층에 주방 시설 포함 100평 정도 되는 공간이 있었고 시골 학교에 중고등학생들에게 그런 추억이나 경험은 도움이나 허락 없이는 불가능했었다.

겨울 방학 기간 너무나 아이들이 원했고 최소한의 인원 (주방, 홀 서빙, 관리) 10명 정도를 확보하고 단단히 각오하라고 말한 뒤 신부님의 허락을 받았다.
성당 1층 빈 공간을 따뜻한 차를 마시는 공간으로 꾸미기 위해 실내 인테리어가 필요했지만 그런 돈은 있을 리 없었고 어두운 공간을 그대로 이용하기로 했다.

어둠을 잘 이용하기 위해 천정에 조명이 있었지만 끄기로 하고 빛이라고는 벽에 있는 엔틱형 조명을 켜고 밖에서 들어오는 빛도 차단하기 위해 유리창에 전부 검은 종이를 붙였다.
대신 검은 종이에는 좋은 말씀이나 그림을 그린 뒤 그 모양대로 종이를 따내면 그 따낸 부위로만 빛이 들어왔고 글씨나 그림만 눈에 띄게 보였다.

거기에 테이블에 촛불을 놔두고 손님이 오면 켜주기로 했는데 그 분위기가 말 그대로 따뜻했다.
메뉴로는 멸칫국물 베이스의 국수말이, 떡볶이, 커피와 따뜻한 차 종류로 학생들이 간단히 만들 수 있고 가볍게 오셔서 드시면서 대화를 나누실 수 있는 종류로 준비했다.
2박 3일 일정으로 계획했고 들뜬 아이들과는 달리 정말 힘들고 다리 아파도 참아야 하고 안전하게 마무리할 수 있으면 좋겠다는 내 바람을 계속 전했던 것 같다.

중간중간 경험이 전혀 없는 아이들을 위해 주방, 홀 관리만 좀 보아주었고 배고픈 아이들의 밥을 위해 매일 15인분 정도 밥 준비를 해서 먹였다.

그리고, 학생들의 소문 덕인지 주변 학교 밴드부나 노래 부르는 친구들이 와서 공연도 해주고
생각지도 못하는 이벤트나 단체 손님들이 계속 이어졌다.
첫날은 학생들이, 우리 아이들 친구들이 왔다 갔고, 그다음에 부모들 지인들 지역주민들이 왔다 가셨는데 정말 자리가 없어서 기다리다가 드시고 가신 분들도 상당수 계셨다.

다들 어디에도 없는 분위기를 좋아하셨고 우리 아이들도 몸은 정말 힘든데 왜 이렇게 재미있는지 모르겠다고 말을 했고 드디어 2박 3일 찻집이 무사히 막을 내리게 되었다.
그리고 모든 정리가 끝나고 둘러앉자 서로 간의 이야기를 듣고 매출 집계를 내리는 시간이 돌아왔다.

선배들 눈치를 보느라 말도 잘 못 하던 중학생들도 재잘거렸고 주도하고 다방면 열심히 했던 고등부 학생들도 자신들이 2박 3일간 이루어낸 것들에 놀라워했고 재미있어했다.

그리고, 매출 공개 시간이 왔고 2박 3일간 들어간 재료비만 150만 원 정도가 나왔다.
정식 가게 운영이 아니라 모든 재료를 소매가격으로 구입하다 보니 재료비 구입비가 많이 들 수밖에 없었다.

그리고, 모두가 기다리던 매출이 260만 원 정도가 나왔다고 알리고 순수익이 110만 원 정도 나왔음을 알리는 순간 모든 학생이 놀라 했음은 물론 2박 3일 내내 걱정하던 나에게도 큰소리로 우리가 잘 해

냈다고 모두에게 감사하라고 말해줄 수 있음에 환호하는 순간이었다.

오랜 시간이 지난 지금도 학생들은 일일 찻집 이야기를 하곤 한다. 어쩌면 돌아올 수 없는 시간이기도 하고 그 힘든 시간만이 느낄 수 있는 감정이기도 하지만 점점 아이들이 할 수 있는 것도 어른으로서 해줄 것도 점점 잃어가는 느낌에 아쉬운 생각이 든다.
매해 겨울이 되면 학생들이 해주던 국수와 떡볶이가 먹고 싶다.
그리고 한 아이가 와서 촛불을 켜주던 따뜻한 테이블이 생각난다.

일본 2번째 핵폭탄 피해지역 나가사키

수년 전 성당 중고등부 8명 어른 3명과 함께 일본 성지순례로 일본을 가게 되었다.
일본어가 가능해서 최소한의 경비로 일본문화도 경험하고 일본에서 돌아가신 천주교 신자들의 흔적과 삶을 보기 위한 일본 성지순례가 계획되었다.

일본 성지순례를 위하여 책을 사서 읽어보던 중 나가사키가 히로시마 다음번으로 원자폭탄이 투하된 지역이라는 것을 알게 되었다.
사실 두 번째 원자폭탄으로 인해 가장 많은 피해자는 나가사키에 살고 있던 한국천주교 신자들이었다.

거주민을 포함 무려 사상자는 7만 3,884명.
학생들에게도 일본 나가사키 원자폭탄 자료관에 대해 설명을 하고 일본에 가면 방문하고 각자의 느낌을 설명했으면 한다고 말했다.

일본 성지순례는 일본에서 돌아가신 성인, 신자분들의 발자취와 역사를 밟아가는 여행길로 경건하고 즐거운 시간을 돌아보게 되었다.
우리가 묵은 호텔은 나가사키에서 가장 높은 곳에 있으며 한눈에 나가사키 시내가 보이는 곳에 있어서 밤에 일본 3대 야경에 들어갈 정도로 아름답다는 야경을 매일 볼 수 있었다.
마지막 여행 날 약속대로 나가사키 원자폭탄 자료관을 가게 되었다.
연휴로 설명해주시는 분은 안 계셨고 사람들도 한산해서 여유롭게 시간을 갖고 둘러볼 수 있었다.

그런데, 그 안에서 우리가 보고 느낀 것은 우리의 상상과는 매우 달랐다.
일본에 대한 분노와 교육을 받고 자료관을 보게 되었지만, 우리가 보고 느낀 것은 인간이 인간에 저지른 잘못된 생각과 결과를 그리고 참담한 상처와 아픔을 느낄 수밖에 없었다.

순수한 아이들은 더욱 경악했고 아파했다.
실제로 그 안에서 한 아이가 전시된 헬멧에 녹아 붙어있는 골의 흔적을 보고 놀라워했다.
핵폭탄이 떨어지면 먼저 뜨거운 바람과 같은 것이 사람과 건물을 쓰러뜨렸다고 했다.
그리고, 뒤를 이어 쇠를 녹일 정도의 뜨거운 열이 남아 있는 흔적을 태우고 녹여버린 것이었다.

인간이 인간에게 할 수 있는 최악이었다.
어쩌다 살아남은 사람들도 고통에 울부짖다가 죽어 갔다고 했다.

그곳에 걸려 있던 현장 사진에는 아무것도 남지 않은 폐허가 된 도시가 그대로 있었다.
우리가 아름답게 본 야경은 그 폐허 위에 다시 지어진 것이었다.

대부분의 아이들은 처음에는 가슴속에 남아있는 일본의 만행을 이야기했지만, 그곳을 보고 인간의 아픔에 고통에 가슴 아파했다.

왜 그래야만 했고 사람이 사람에게 미움을 그렇게 전쟁으로 표현할 수 있을까?
아무도 그 어떤 설명도 할 수 없었다.
안타까웠고 자기 행복을 돌아보게 되었고 죽음으로 대신해야 했던 인간들의 모습에 한탄해야 했다.

시간이 지나도 그 사진이나 그 감정은 없어지지 않을 것이다.
우리가 느끼는 행복의 중요성과 인간으로서 느끼고 가져야 하는 기본적인 권리나 감정에 대해 다시 누구도 가져갈 수 없는, 함부로 해서는 안 되는 것이라는 생각이 강해진 시간만이 남았다.

명품지갑

나이가 들어가며 우린 서로의 생일이나 특별한 날을 같이 즐기는 시간이 많아졌다.
전에는 그럴만한 여유가 없어서 챙기지 못했지만 서로 같이할 수 있는 시간을 행복하게 보내기 위함이었다.

마침내 생일 이었고. 딸이 내 생일날과 5일 차이 밖에 안 나서 한날에 같이 축하하는 경우가 많았다.
이날을 기억하고 챙기고 준비하는 건 와이프의 몫이었고 우리는 그냥 정성껏 준비한 것들에 대해 고마워하고 있었다.

저녁이 되자 준비해온 저녁 요리로 새우와 버섯, 오일이 들어간 동남아시아 음식 맛이 나는 요리와 소고기와 야채 면이 들어간 샤부샤부 같은 느낌의 요리가 코를 자극했다.
물론, 안에 딸기가 들어간 하얀 생크림 케익이 시작을 알렸고 와이프가 준비한 요리는 맛있었고 딸과 나와 와이프는 서로에게 감사해했다.

그리고, 선물 증정 시간.
여유 있는 삶이 아니었기에 비싼 선물이 아니기를 바라며 내심 내게 필요한 것이라면 좋겠다는 기대감과 함께 선물 케이스를 풀었다.

케이스는 고급스러웠고 케이스 안에는 남성 벨트와 지갑이 들어 있었다.
그 안쪽에 브랜드 이름이 있었고 와이프는 명품이라고 했다.
그간 우리의 삶은 자신이 원하는 삶과 가치관에 집중되어 있었고 돈도 일도 필요한 만큼만 해왔기에 절약하고 소박한 삶이 몸에 베어 있었다.

음식도 소량의 식사를 주로하고 외식은 가능한 한 하지 않고 집에서 서로 간단하게 해결하는 습관이 있었다.
와이프는 나이도 있고 때로는 이런 물건들이 필요할 때도 있다고 했다.

물론, 명품이라고 해도 아주 비싼 것은 아니었지만 늘 중·저가 상품을 즐겨 사용하고 소박하고 물건을 소중히 고쳐 쓰는 것을 중요시하던 나에게 좀 놀라운 선물이었고 표현에 잠시 고민해야 했다.

많이 고심한 와이프에게 감사의 표현을 하고 사실 명품이나 브랜드를 중요시하는 사람들도 있지만 그와 달리 그 사람이 가진 말과 행동이 그 사람이 명품같이 가치 있는 사람임을 인정할 것이라는 이야기를 했다.
서로 다른 가치관을 갖고 살아가기에 우리는 서로 다른 이야기를 잠시 했고 하지만 나의 이야기에 공감해 주었다.

때론 온몸에 고급스러운 명품을 입고 입에 담지 못할 막말을 하는 사람들을 보고 우리는 인간이 덜되었다고 이야기한다.
가지고 있는 돈이 고급스러운 명품 옷이 제 가치를 못하는 경우이다.

반대로 소박하지만 누구에게나 인정받는 말씀과 행동을 하시는 분들의 이야기를 듣고 우리는 감탄하고 그분에게 가까이 가고 싶어 하는 경우가 있다.
그분이 명품과 같은 가치를 느끼게 하는 경우일 것이다.

때로는 내가 입은 명품이나 재산, 권력으로 내가 아닌 다른 사람으로 포장하고 살아야 하는 경우가 생길 수도 있을 것이다.
나는 나 자신으로 살고 싶다고 생각했다.
그리고 나를 그대로 바라보아 주었으면 좋겠다고 생각했다.
모자라면 모자란 만큼, 같이 할 수 있으면 같이 할 수 있는 만큼 나를 좋아하고 사랑하는 사람들이 많이 있으면 하고 그들과 함께 살아갈 수 있는 내가 되었으면 하고 바랄 뿐이다.

갱년기

갱년기는 장년기로 접어드는 시기로 여자분들만이 폐경에 접어들면서 일어나는 신체적인 현상으로만 여겨졌었다.
근래에 와서 남성도 일부 갱년기를 겪고 남성 호르몬이 줄어들면서 많은 신체적 정신적 고통을 경험함을 알게 되었다.

50이 가까워지면서 와이프가 몸이 아파서 잠을 못 자는 날이 지속되고 폐경이 가까워졌는지 하혈로 인해 산부인과를 찾는 횟수가 늘어갔다.
놀라운 건 남성도 50대에 신체적, 정신적 변화를 많이 겪고 심하면 사망하는 경우가 많다는 것이다.

나 역시 50이 가까워지자 정말 몸이 저리고 관절 마디가 아파서 잠을 못 이루는 날이 한동안 계속되었다.
괜히 눈물도 많아지고 체력적으로도 많이 위축되는 느낌이 있었다.
그래서, 우리 부부는 이 갱년기의 아픔을 서로 공감하고 위로해 주기로 했다.

사실 나이가 들어 아픈 것을 바로 어떻게 할 수는 없고 지속해서 식사, 운동, 치료로 관리할 수밖에 없다.
거기에 중요한 건 아무도 나의 힘듦을 외로움을 알아주지 않고 들어주지 않는다면 우울증에 걸릴 수도 있다는 것이었다.

그 부분은 서로 이야기하고 들어주고 같이 병원에 가고 고민하고 우리는 그렇게 갱년기를 극복해 보기로 한 것이다.
내 경우 심할 때는 머릿속이 혈관이 좁아지는 것 같은 통증이 오기도 해서 병원 약도 먹고 사실 많은 시도와 관리를 해야 했다.
처음에는 의아해했고 고심했지만, 지금은 나름의 방법으로 관리하고 살려고 노력하고 살기로 했다.

장년기에 접어들면서 젊게 생각하고 살던 나 자신의 자신감이 줄어들거나 신체적 발란스가 깨어짐에 우울해하고 장년기의 삶을 준비해야 함에 걱정하는 것은 당연할 수도 있다고 생각한다.

우리가 어른으로 성장하기 위해 사춘기를 겪었듯이 갱년기에 장년기의 삶을 위해 관리하고 다시 고치고 준비해야 하는 시기라고 생각한다.
아무리 좋은 약을 먹어도 다시 젊어질 수는 없을 것이다.
그전에 내가 못 했던 일들을 나이가 들어도 다시 해야 할 수도 있고 하고 싶었던 일들이 있으면 갱년기를 통해 준비하는 것도 좋을 것이다.

갱년기는 아주 몸이 망가져서 아무것도 할 수 없는 시기라고 생각하지는 않는다.
다시 몸과 마음을 준비하고 남은 시간을 잘 보내기 위해 살펴보는 시간이 될 수도 있을 것이다.
내가 혼자 준비하기 힘들 수도 있다.
어떻게 해야 하는지도 모를 수도 있다.
그래서 가능하다면 공감할 수 있는 분들과 함께하고 나눌 수 있는 분들과 같이 준비하고 시간을 보낼 수 있다면 어쩌면 꼭 필요한 시간이 될 수도 있을 것이다.

왜 내가 이 일을 해야 하지?

작업을 하며 생활을 이어가다 40대 초 아이도 있고 작업만으로는 생활이 힘들어졌고 다시 새로운 직업을 선택해야 하는 상황이 되어 들어간 회사가 철로 공공조형물을 제작하는 곳이었다.

작업을 하며 살아간다는 것은 모든 이들의 상상처럼 하고 싶은 일을 하고 살아간다는 것 외에 훨씬 힘든 짐을 지고 가야 한다는 부담이 있었다.

작가들의 꿈인 작업실을 갖춘다고 끝이 아니라 작업만으로 생활을 이어 나갈 수 있는 사람은 상위 몇 프로 안에 드는 작가들일 것이다.
그 안에 속하지 못하는 작가들은 늘 생활고와 가족경제를 위해 힘든 작업을 이어가는 경우가 많을 것이다.
정말 내가 좋아하는 일이 정말 억지로 생활고를 위해 하기 싫은 일로 변해버리는 상황이 너무 싫었고 투잡(?)을 선택해서 일도 작업도 잘하고 싶었다.

40대에 접어들어 선택할 수 있는 일은 그리 많지 않았고 도시가 아닌지라 많은 것을 포기하고 선택(?)한 곳이다.
두려움이 컸지만 입사 면접을 보기 전의 마음가짐은 흔들림이 없었다.

어떤 것을 보고 듣던 무조건 시작하고 버텨내는 거야.
나는 나 자신에게 증명해 보이고 싶었다.
아니 더 이상 물러설 곳이 없었다.
공동체 생활이 불가능해서 선택한 것이 작가 생활이 아니란 것도 무슨 일이든 열심히 하는 가장(家長) 이라는 것을 증명해 보이고 싶었다.

그곳은 자그마한 회사로 아파트 놀이터에서 볼 수 있는 그네, 놀이시설, 동네 곳곳의 그늘막이 있는 벤치들을 동물모형이나 조형적으로 아름답고 편리함을 추구하는 공공조형물을 제작하는 곳이었다.

주재료가 철이었기에 철재 팀, 목재 팀, 철에 색을 입히는 도장 팀 등이 있었고 내 기억 속에 첫 출근날이 12월 24일로 기억한다.
그만큼 각오가 서 있었다.

그렇게 일을 시작해서 햇수로 5년. 매일 몇 톤의 철을 나르는 작업과 철을 자를 때 튀기는 불꽃, 굉음과 함께 철을 자른 후 용접하고 하루 몇 시간의 철을 갈아내는 그라인드 작업, 1급 마스크와 방재 옷을 입고 들어가 철에 색을 입히는 도색작업까지 회사 생활은 철과 같이 차갑고 단단한 사람들과 함께했었다.

회사 분들은 내가 1주일을 못 넘길 것이라고 예상했었고 나 스스로 5년간 내가 어떻게 해야 이곳의 사람들처럼 단단해지고 다치지 않고 이 회사 생활을 잘 해낼 수 있는지를 고민해야 했다.

많은 공정이 위험한 기계를 다루며 무거운 철로 제작을 해야 했기에 긴장해야 했고 고함과 굉음이 하루를 끝내기 전까지 울렸다.

그렇게 5년 정도 지나자 힘든 과정 때문인지 몸의 손, 팔 어깨 관절들이 아프게 되어 퇴직을 해야 하는 상황이 되어 그만두었지만, 마지막 그만두는 날까지 스스로 꼭 내가 이일을 왜 해야 하는지에 관한 질문을 계속 해야 했다.

'힘들면 그만두고 다른 일을 다시 시작하면 되지 않나?'라는 간단한 생각이 들었지만 어렵게 시작한 일을 금방 그만두고 다시 무언가를 시작한다는 것도 쉽지 않게 느껴졌고 자신이 뒤로 물러서고 싶지 않았었던 것 같다.
사실 어떤 일을 하든 쉬운 일은 없다고 하지 않는가?
힘든 노동을 하며 생활을 하시는 분들은 말할 것도 없이, 대기업에서 높은 연봉을 받으시는 분들도 그만큼의 무거운 짐과 능력을 요구한다고 알고 있다.

늘 나 스스로에 관한 질문에 대한 답을 알고 싶었다.
그냥 나에게 아무 이유 없이 주어지는 일은 없을 거야. 분명 이유가 있겠지.
그런 마음으로 하루하루를 버텨냈던 것 같다.
마지막 날 나를 위해 회사 회식이 있었고 다들 힘든 일을 같이한 만큼 그만두게 됨을 아쉬워했다.

그러고도 몸을 다시 회복하는 시간, 다시 다른 회사를 입사하고 일하고 생활하는 시간이 이어졌고 늘 그때 왜 힘든 그 일을 해야 했는가? 에 대한 스스로 이해할만한 답이 궁금했었다.

그렇게 몇 년이 지난 후 깨닫게 되는 부분이 조금씩 생겼다.
그건 예전의 나와 다르게 철과 같은 단호함이 생겼다.
그리고, 다들 힘들다고 주저하는 일일수록 나서는 부분도, 또한, 힘들고 귀찮으면 뒤로 미루거나 좀 쉬었다 천천히 하는 게으름(?)이 있었는데 시작하면 마무리를 짓고 정리하려 하는 자신의 바뀐 모습이 있다는 것을 알게 되었다.

여유로움이라고 할까? 힘듦에 대한 여유로움은 고되고 힘든 일을 버텨낸 자신감 같은 것이 생겼다.
인생에 늘 그런 힘든 일 들이 주어졌던 나에게 왜? 라는 질문이 있었는데 그로 인해 나는 많은 것들을 할 수 있는 능력이 생겼고 직장에서 같이 일하는 분들은 그런 나를 좋아했다.

인생이 다 나 스스로 택한 것과 같고 때론 어쩔 수 없어 보이기도 하지만 관심을 두고 들여다보면 엉킨 실타래의 묶인 부분이 보일 때도 있고 술술 풀어가면 되는구나. 하고 느낄 때가 있다.

40대의 중요한 시기를 그렇게 써버린 것이 굉장히 아쉬웠는데 그 시간이 헛되이 보내 버린 시간은 아닌 것 같아 자신의 합리화 같이 느낄 수도 있겠지만 잘 버텨낸 자신이 뿌듯하게 느껴졌다.
덕분에 50대가 단단하고 여유로운 느낌으로 살아가도 되지 않을까? 하는 생각이 나를 풍요롭게 했다.

우리는 살아가면서 가끔 왜? 라는 질문을 던질 때가 있는 것 같다.
때론 시간이 흘러도 질문에 대한 답을 알지 못할 때도 있고 마치 안타까운 시간처럼 기억되는 수도 있는 것 같다.
누군가 '인생에 버려지는 시간은 없다'라고 하지 않았는가?
스스로 그 시간을 후회하고 지워버리고 싶지는 않을 것이다.
자신을 믿고 열심히 살아준 그 시간이 오늘의 중요한 시간이 되어준 것에 대해 감사하는 마음이다.

언어는 우리의 생각과 행동을 표현합니다

우리는 삶을 살아가면서 자기 생각과 느낌, 능력, 욕구, 복합적인 문화를 전달하는 수단으로 언어를 사용하고 있습니다.
그러기에 언어가 다른 나라를 여행하게 되면 자신이 요구하는 표현을 전달하기 힘든 경험들이 있을 것입니다.

직업적으로도 사용하는 언어가 다름을 알 수 있습니다.
교사나 의사들은 학생들과 환자들을 대하는 단어나 서비스적인 언어를 많이 사용합니다.
상대를 위한 존칭어도 많이 사용하고 전문적인 용어를 표현하여 생각을 전달합니다.

상대적으로 일상생활에 익숙한 언어를 사용하는 직업도 많이 있습니다.
택시 기사, 마트 직원, 자영업자들, 사용하는 단어나 표현은 달라도 언어는 자기 생각과 요구를 표현하는 중요한 수단입니다.

무엇보다도 언어는 상대방에게 사랑을, 아픔을, 관심을 주고받기 위한 표현으로도 중요하게 사용되고 있습니다.

그러나, 때로 언어가 미숙하거나 장애로 인해 언어 전달이 잘 안되는 분들도 있습니다.
혹은 삶은 잘 사시다가 사고로, 갑작스러운 병으로도 언어기능을 상실하게 되는 경우도 있을 것입니다.

언어 전달이 잘 안된다면 얼마나 답답할까?
상상이 가지 않습니다.
내 생각과 마음을 말하고 싶은데 전달이 잘 안된다면 마음이 타들어가는 느낌일 수도 있을 것입니다.

사회복지사로 정신적인 장애가 있으신 분들과 소통할 때면 그분들이 말씀하시는 것을 이해하기 힘들 때가 있습니다.
때론 전혀 말씀을 못 하시거나 전혀 다른 단어를 말씀 하실 때도 있고 두, 세 번씩 말씀하시거나 그마저 힘들다고 생각 하실 때는 혹여 말로 인한 오해나 이상하게 보일까 걱정되어 말문을 닫고 방구석 음지로 들어가시는 분들을 볼 때도 있습니다.

우리도 살아가면서 가족들이나 상대방에게 전한 말이 와전되어 오해하는 경우도 있고 하고 싶은 말을 못 해서 안타까울 때가 있는데 늘 그런 불편함을 안고 살아가시는 분들은 정말 답답하시리라 생각됩니다.
우리는 언어로 생각을 전하고 사랑을 느끼며 살아가는 존재입니다.

좀 언어의 표현이 어눌해도, 정상적인 발음이 아니더라도 그분의 이야기를 들어주었으면 좋겠습니다.

자기 말을 들어주는 것만으로도 고마워할 것입니다.
전 세계에서 사용되는 언어의 수는 '2,012종류'라고 합니다.
그만큼 다른 언어로 살아가지만, 우리가 같이 살아갈 수 있는 이유는 누군가의 말을 들어주고 이해하기 때문이라는 생각이 듭니다.

많은 사람을 대변해서 말을 잘하는 사람은 정말 많은 것을 가졌다고 생각합니다.
그분들이 살아가는 데 도움이 필요한 분들을 위해, 언어소통이 힘든 이들을 위해 도움을 준다면 우리는 더욱 이 세상에 대한 믿음이 강해질 수 있을 것이고 자신의 목소리를 낼 수 있을 것입니다.

이 글은 요즘 정신적 장애를 가진 분들을 위해, 언어장애를 가진 분들을 위해 언어교육 프로그램을 준비하면서 우리가 사용하는 언어의 중요성을 더욱 깨닫게 되었고 그 중요성을 말하고 싶어 이 글을 쓰게 됐습니다.

언어는 우리의 생각과 행동을 표현합니다.

삶을 살다가 사고에 의해, 스트레스에 의해 누구나 장애를 가질 수 있다

태어날 때부터 신체적, 정신적 장애를 갖고 태어나는 사람이 있는가 하면 삶을 살다가 사고에 의해, 또는 심한 정신적 스트레스로 인해 정신적 장애를 겪는 경우가 있습니다.

우리는 삶을 살다가 주위에서 예기치 못한 사고로 신체적 장애를 겪거나 뇌 손상으로 몸의 일부가 때론 정신적으로 불안정한 분들에 관한 이야기를 듣곤 합니다.

저와 인연이 되어 케어를 하게 된 아이도 정상적인 생활을 하다가 부모의 공부에 대한 강요로 스트레스를 심하게 받아 정신적 장애를 겪게 되었고 사회복지사로 일하며 만나게 된 사람들도 일상생활 중 심한 스트레스로 뇌의 신경전달물질의 발란스 균형이 깨져 정신적 장애인으로 살아가시는 분들도 있습니다.

나중에 시간이 지나 알게 되었지만, 그분들은 정말 일반적인 일상생활을 하시던 분이라는 점입니다.
그분들 중에는 수재라 불릴 정도로 머리가 좋았던 분도 있다는 이야기를 들었습니다.
그런데, 어느 날 가족들에게 또는 주위 환경적인 영향으로 심한 스트레스를 받아 정신적 신경 물질의 발란스가 무너져 외롭고 힘든 삶을 살아가고 있는 분도 계십니다.

너무 안타까운 이야기고 애처로운 삶이란 생각이 들었습니다.
우리는 모두 사랑하고 사랑받고 싶을 뿐입니다.
우리는 행복하게 살아가기를 원할 뿐입니다.
그러기 위해 매일매일의 삶을 감사하게 받아들일 수만 있다면 누군가에게 상처를 주고 스트레스를 주는 일로 내 모든 것을, 사랑하는 가족을 잃어버리는 안타까운 일을 겪지 않아도 될지 모릅니다.

나는 좀 더 따뜻한 대화를 하고 싶은데

오래전 유리공방에서 작업을 하던 때입니다.
가끔 유리 작업을 배우러 오시는 분이 계시곤 하는데 어느 날 치대를 나오셔서 페이닥터(월급치과의사)를 하시던 여자분이 유리 작업을 배우러 오셨던 적이 있습니다.

수개월 여러 가지 작업을 하시며 여러 가지 스트레스도 풀고 이야기도 나누곤 하셨는데 어느 날은 비장한 얼굴로 오셔서 나에게 이야기하시는 것이었습니다.
하고 싶은 일이 있는데 유리 학교 대학원 과정에 입학하고 싶으시다는 것입니다.
이미 치열한 치대를 졸업하시고 페이닥터 생활을 하시는 분이었는데 가끔 모임이 있어 동창생들이 모이면 대부분 돈에 관한 이야기나 치아에 대해 이야기를 하시는 데 지치셨다는 것입니다.

여자분이었는데 본인은 좀 더 인간적이고 따뜻한 이야기를 했으면 좋겠다는 것입니다.
삶에 상처도 있고 쉽지 않은 인생을 살아오셨는데 미술작업을 하시는 분들은 모이시면 삶에 관한 이야기나 미술 이야기를 하시는 것 같은데 본인도 그런 인생을 살고 싶다는 것이었습니다.

갑작스러운 제안에 놀라웠지만, 언제까지 준비해야 하냐고 여쭈어보니 다음 달 즉 1달 정도 남았다고 하시는 것이었습니다.
미대는 지금까지 작업해온 포토폴리오 라는 개인 작업 사진들이 필요한데 갑자기 어떻게 하실 건지 감이 안 잡힌다고 말했더니 그러니 좀 도와달라고 하시는 것이었습니다.

그런데, 그 말씀이나 표정이 너무 진지해서 정말 1달 동안 포트폴리오를 만들 수 있는 계획을 짜게 되고 혹 면접을 보게 되면 가능한 질문이나 면접내용에 관해 이야기하게 되었습니다.

1달을 정말 열심히 준비하시고 시험을 본다고 한 기간이 지나고 드디어 2달이 조금 못 된 어느 날 한 통의 문자가 왔는데 합격했다는 합격통지서 사진을 보내온 것입니다.
너무 기뻐했고 감사하다는 내용이었습니다.
너무 놀랍기도 하고 축하한다고 메시지를 보내기도 했는데 과연 이분이 다시 새로운 인생을 잘 가실 수 있을까 걱정이 되기도 하고 여러 가지 생각이 겹치는 순간이었습니다.

그분의 선택이고 그분의 인생이기에 단지 난 응원을 해드린 것뿐이니 행복한 인생이 되기를 바라는 마음이었습니다.
하지만 굉장한 용기가 필요했고 쉽지 않은 결정이었을 것입니다.
얼마 뒤 대학원 입학을 하기 위해 서울에 가서 방을 잡았다는 연락을 받았습니다.

그리고 1년간 페이닥터 일을 하며 학업을 하고 있다는 연락을 몇 번

받았습니다.
그 뒤는 졸업을 했을 수도 있고 못 했을 수도 있고 어떤 길을 가고 있는지 알 수 없었지만 그녀의 인생에 그 선택은 후회 없이 중요하게 자리 잡았을 수 있었을 것입니다.

왜냐면 그녀의 표정이 전에 없이 너무나 밝고 희망찼었습니다.
우리 모두 지루하고 힘든 인생을 살다가 어느 날 떠나고 싶거나 하고 싶은 일에 대한 충동을 느낄 때가 있습니다.
하지만 경제적인 이유에 가족들의 만류에 두려움에 쉽게 판단할 수 없는 경우가 많은데 그렇게 용기를 내어 자신을 위해 나의 또 다른 인생을 시작할 수 있음에 박수를 보내고 싶은 마음입니다.

저 역시 쉽지 않은 인생에, 나 자신을 위해 많은 나이와 상관없이 많은 시도를 하고 있지만 후회하지 않고 스스로를 응원하며 살아가고 있습니다.
부디 가슴뛰는 따뜻한 할 말이 있는 인생을 살아가기를 바랍니다.

어미들은 자식을 품에 안기 위해 스스로 가시를 자른다

나와 와이프는 사실 결혼하기 전 굉장히 예민하고 까칠한 성격이었습니다.
어리기도 했지만 커오면서 아물지 않은 많은 상처를 갖고 있었고 자신들이 하고 싶은 일에 대한 열정으로 가득 차 있었기 때문에 모자란 부분들에 항상 안타까워하고 있었던 것 같습니다.

서로 좋아했기에 결혼했지만 와이프는 어두운 부분이 있었고 시간이 가도 우린 서로의 상처를 보듬어 주기는 커녕 검은 그림자로 비추어지는 부분을 감추고 비난하며 싸우는 시간이 많았습니다.

서로에게 날카로운 가시가 있음을 인정했지만 서로 어떻게 해야 하는지 잘 몰랐고 조금씩 가시에 상처를 입기도 하고 부딪히지 않기 위한 노력을 해야 했던 것 같습니다.

그런데 30대 중반 와이프가 임신을 하고 아이를 갖기 위해 준비할 때쯤부터 많이 달라지기 시작했습니다.
물론, 힘든 유학 생활로 가시가 무뎌지긴 했지만, 인내심도 강해지고 마음이 '유'(柔)해진 느낌이었습니다.

아이를 낳고서는 더욱 그녀의 '유'(柔)함은 도드라지게 달라졌고 갑자기 여자에서 엄마가 된 그녀에게 놀라워했습니다.

그때 내게 와이프의 모습은 예민하고 숨겨왔던 가시를 아이를 품기 위해 스스로 가시를 잘랐다고 느낄 수밖에 없는 느낌이었습니다.
놀라웠고 엄마가 된 '여자'의 위대함에 감동하는 순간이기도 했습니다.
그 뒤로도 아이를 키우며 와이프는 인내하고 즐거워하고 현명했습니다.
때론, 나에게 충고하고 염려하고 기댈 수 있는 든든하고 포근한 여성이었습니다.

그래서, 모든 엄마가 대단하고 포근하게 생각되는지도 모르겠습니다.
세상의 엄마는 아이를 낳고 키우기 위해 자신의 많은 부분을 바꾸고 포기하곤 합니다.
때론, 그것이 가장 중요한 것일 수도 있고 생명이 될 수도 있지만 망설임이 없습니다.
그런 그녀들의 모습에 우리는 박수를 보내고 감사함을 느끼곤 합니다.
그런 그녀를 믿고 우리는 책임감을 갖고 밖에서 일을 할 수 있을지도 모릅니다.
아침에 혹 아내와 다툼이 있던 날에는 밖에서 마음 놓고 일을 할 수 없는 이유일 것입니다.

오늘도 인내하고 현명한 와이프에게 같이 삶을 살아오고 살아갈 수 있음에 감사하다는 말과 자신을 내려놓고 가족을 건강하게 지켜주었음에 고마움을 표합니다.

행복한 삶을 위해 나는 늘 노래한다

20대를 뒤돌아 생각해 보면 첫 번째 내 꿈은 행복한 가정을 갖는 것이었습니다.
사랑하는 아내와 아이를 낳아 내가 원하고 생각하는 행복을 나누며 살아갈 수 있는 행복한 가정을 갖는 것이 꿈이었습니다.

그리고, 그 꿈을 생각하며 행복한 미래를 꿈꾸는 공동체에 관해 관심을 갖게 되어 해외공동체에 가서 수개월을 살며 그들의 삶을 체험하고 인생의 행복에 대해 고민한 적도 있습니다.

그만큼 내가 원하는 삶에 대한, 사랑을 기반으로 한 행복한 가정은 나에게 가장 중요한 질문이었고 살아가는 힘이 되기도 했습니다.
살아오면서도 여러 단체를 통해 나누고 공감하며 노력해왔던 부분도 사랑받기를 원했고 사랑을 나누기 위함이었습니다.

나는 늘 나에 대해, 상대방에 대해, 도움이 필요한 분들에 대해 이야기하고 좋아하고 행복해 할 수 있는 것들에 대해 고민하고 그런 것들을 느끼며 살고 싶었습니다.

그런 것들이 내 삶을 더욱 풍요롭게 하고 특별하게 해 준다고 믿었습니다.
그런 나를 보며 사람들은 좋아해 주고 그런 마음들이 많은 사람에게 도움이 된다고 생각했습니다.

지금 나는 내가 죽기 전까지 하고 싶은 것에 대해 생각합니다.
그래서, 죽음이 두렵지 않습니다.
늘 죽음을 생각하고 있기 때문입니다.
내가 두려운 건 내가 죽기 전까지 내가 하려했던 일들을 다하지 못할까 봐 그것이 두려울 뿐입니다.
자신만의 욕심으로 게으름으로 내가 할 수 있는 일이 아니라고 포기할까 봐 그것이 두려울 때가 있습니다.

하지만, 그 모든 것들이 이루어질 때의 상상은 또 나의 행복이고 즐거움이기도 합니다.

나는 행운아입니다.
사랑하는 가족이 있고 원하는 특별한 일들을 할 수 있고 다른 누군가의 삶에 도움을 줄 수 있는 재능을 갖고 그런 마음을 지킬 수 있기 때문입니다.
너무나 힘들고 험한 시간을 꿋꿋이 버틸 수 있었고 그런 시간을 지나 흔들림 없이 단단한 자기 모습으로 세상을 볼 수 있어서 참 다행입니다.

나는 유리 작업을 통해 인간 본연의 감성적인 모습을 그리고,
힘든 인생에 비추어지는 희망과 같은 빛을,

우리가 항상 선택하며 살아가는 선과 악을,
그리고, 그것들을 통해 사람들을 만나고 그들과 삶에 대해, 작품에 대해, 사랑하는 것들에 대해, 나눔에 관해 이야기할 때 행복해합니다.

또, 나는 역마살이 있다고 합니다.
그래서, 멀리 떠나는 여행을 좋아합니다.
나와 다른 삶을 살아가는 이들의 힘듦과 행복과 삶을 지켜보고 그들과 이야기하며 내 삶을 돌아다보기도 하고 더 행복해지기 위한 시간을 좋아합니다.

나에게 주어지는 모든 것들을 죽는 그 날까지 잘 사용하고 그것들로 인해 사람들과 나누고 웃고 행복해하고 싶습니다.
그것이 내가 죽기 전까지 이루고 싶은 또 하나의 절실한 꿈입니다.

딸을 위해 이 책을 쓰며

2년 전부터 살아오면서 깨닫고 생각하던 것들을 정리하고 기억하기 위해 글을 쓰기 시작했었습니다.
그 글들은 하나밖에 없는 딸을 보며 저 아이가 커서 부모가 없는 세상에서는 어떻게 힘든 일을 이겨내고 살까 하는 걱정하는 마음으로 이어졌고 저 아이를 위해서도 저 아이에게 의지할 수 있는, 세상을 살아가기 위해 부모의 충고처럼 들려줄 수 있는 글을 쓰고 싶다는 생각이 들었습니다.

이제 중3인 저 아이가 커서 살아갈 세상은 어떤 세상인지 잘은 모릅니다.
하지만 생각치도 못한 힘든 일이 있을 테고 누군가에게 기대고 말하고 듣고 싶은 이야기가 있을 것입니다.
하지만 부모로서 해줄 수 있는 시간은 정해져 있고 우리가 없는 세상에서도 힘이 되고 의지할 수 있는 이야기를 해주고 싶었습니다.

이 책은 나에게 첫 책이고 쉽지 않은 작업이지만 저 아이를 위해 쓰기 시작했고 책이 완성되어 나오게 되면 많은 분들이 읽게 되기를 바랬고 삶이 힘든 분들도, 누군가의 도움이 필요한 분들도 단 한 줄의 글이나마 살아가는 데 도움이 되었으면 좋겠다는 생각으로 한 줄, 한 줄 최선을 다해 글을 써내려 가게 되었습니다.

딸이 태어나고 커가는 모습을 보는 것은 우리 부부에게 희망이고 큰 즐거움이었습니다.
저 아이를 위해 우리는 넘치지도 않고 모자라지도 않는 도움을 주기 위해 많은 대화를 하고 고민을 했던 것입니다.
다행히 우리 부부와 아이는 서로를 이해하고 의존하고 도움을 줄 수 있는 관계를 갖고 있습니다.

그리고, 우리가 없는 세상에서도 바른말과 좋은모습을 보이기 위해 노력했던 부모의 좋은 기억을 갖기를 바라고 세상을 꾸밈없이 행복하게 살아가기를 바라는 마음으로 딸에게 이야기했습니다.
'이글은, 이 책은 너에게 도움이 될 거야. 엄마, 아빠가 없는 세상에도 너에게 도움이 되기를 바래. 그러니, 꼭 되풀이해서 읽었으면 좋겠어'

딸은 내 깊은 뜻을 알았다는 듯이 걱정하지 말라고 하며, 책을 꿋꿋이 쓰는 나를 응원해 주었습니다.
사실 같이 살아가는 동안에도 부모로서 필요하거나 원하는 것을 다 들어줄 수도 없을 것입니다.
어쩌면 모자라는 부분 때문에 미안해할 때가 많이 있습니다.
그래도, 건강하고 바른 아이로 자기 행복을 위해 자기 가족을 꾸리고 사랑하고 행복하게 살아가기를 바랄 뿐입니다.

나는 사랑하기 위해 살고

사랑받기 위해 살아간다

1판1쇄 2022년 4월 17일

저자 김대정
발행인 이경화

발행처 디자인21
주소 04560 서울특별시 중구 퇴계로 293-1 3층
전화 02-2269-6561(대)
팩스 02-2269-6568
e-mail 21publish@naver.com

등록번호 제1-1128호
등록일자 1991.2.12

ISBN 978-89-6131-081-9 03810

정가 12,000원

http://21publish.co.kr/
https://blog.naver.com/publish21